SAHARA

OZEAN AUS SAND

VERLAG KARL MÜLLER

TEXTE:
PAOLO NOVARESIO

EINLEITUNG:
ALBERTO SALZA

HISTORISCHE EINLEITUNG:
GIANNI GUADALUPI

REDAKTIONELLER ENTWURF:
VALERIA MANFERTO DE FABIANIS

GESTALTUNG:
CLARA ZANOTTI

REDAKTIONELLE
BEARBEITUNG:
LARA GIORCELLI
LAURA ACCOMAZZO

ÜBERSETZUNG AUS
DEM ENGLISCHEN:
SUSANNE KATTENBECK

1 INDIGO IST DIE TYPISCHE FARBE DER MENSCHEN IN DER SAHARA.

2–3 DIE LIBYSCHE WÜSTE, EINE DER TROCKENSTEN REGIONEN DER SAHARA. HIER GIBT ES NUR WENIGE UND ÜBERWIEGEND KLEINE OASEN.

4–5 DIE UNWIRTLICHEN BERGE DES TADRART ACACUS ERHEBEN SICH AN DER GRENZE ZWISCHEN ALGERIEN UND LIBYEN.

6–7 DIESES FOTO ENTSTAND IM AUSGEHENDEN 19. JAHRHUNDERT. ES ZEIGT EINE KARAWANE AUF IHRER REISE DURCH DIE ALGERISCHE SAHARA.

8 DIE LEGENDÄREN TUAREG BEWAHREN SICH IHR BRAUCHTUM UND SIND STOLZ AUF IHR ERBE.

8–9 EMPORSTREBENDE, SICH SCHLÄNGELNDE SANDKETTEN, WIE DIESE IN ÄGYPTEN, SIND TYPISCH FÜR DIE GROSSEN ERGS.

INHALT

© 2003 White Star S.r.l.
Via C. Sassone 22/24
13100 Vercelli, Italien

2003 Herausgegeben in Deutschland von Verlag Karl Müller GmbH
Venloer Straße 1271
D–50829 Köln
Tel. 0221/13065-0
Fax 0221/13065-120
www.karl-mueller-verlag.de

Alle Rechte vorbehalten.
Kein Teil des Werkes darf in irgendeiner Form (durch Fotokopie, Mikrofilm oder ein ähnliches Verfahren) ohne die schriftliche Genehmigung des Verlages reproduziert oder unter Verwendung elektronischer Systeme verarbeitet, vervielfältigt oder verbreitet werden.

ISBN 3-89893-077-7

Gedruckt in Italien
Lithos: Fotomec, Torino, Italien

10–11 Eine Karawane sucht sich den bequemsten Weg durch die Dünen. Leewärts ist der Sand oft so weich, dass er kaum das Gewicht eines Dromedars trägt.

11 LINKS In Mauretanien zieht sich die Sahara endlos in Richtung des Herzens von Nordafrika dahin. Die Eintönigkeit der Dünen entsteht durch die Verwerfungen des Windes, der den Sand zu Puder macht.

11 RECHT Eine Staubwolke erhebt sich in der mauretanischen Wüste über einem Dünenkamm. In erster Linie ist der Wind für die Choreografie der Sahara zuständig.

EINLEITUNG

VON ALBERTO SALZA

Mit der Sahara verbindet man viele Klischees. „Sie ist ein Sandsee", habe ich gesagt, bevor ich diese Wüste zum ersten Mal durchquert habe. Nachdem die scharfen Steine der Hammadas meine Schuhsohlen bearbeitet hatten und meine Kleidung auf den Pfaden des Tassili zerrissen worden war, wusste ich, dass ich mich geirrt hatte. Schuld sind die Fotografen, die auf 80 % ihrer Wüstenfotos geschmeidige Sanddünen festhalten. In Wahrheit bedecken diese Dünen jedoch weniger als 10 % der Sahara. Die übrigen 90 % bildet eine Landschaft aus Gestein, das mehr oder weniger durch Erosion zerstört ist. Unbestritten ist allerdings, dass die Dünen ebenso fotogen sind, wie die Rundungen einer nackten Frau. Und sie sind mindestens ebenso unnahbar.

Auf unseren Reisen mit den puritanischen islamischen Kameltreibern ergriffen wir jede erdenkliche Vorsichtsmaßnahme, um den Ergs, den Sandseen und -dünen, fernzubleiben, die den Karawanen den Weg abschneiden, an den Beinen der Reisenden lecken und sie atemlos in einem Strudel kieselartiger Teilchen zurücklassen.

„Im Wadi Halfa, im Sudan, an der östlichsten Grenze der Sahara, erreicht die Temperatur in Bodennähe 80 °C", sagte ich eines Abends im Januar zu Saleh, dem Leiter der Karawane. Wir waren gerade dabei, die Dromedare von ihrer Last zu befreien, Salzblöcke, die für Timbuktu bestimmt waren. Ich zitterte vor Kälte. Das Salz fühlte sich an wie Eis. „Wissenschaftler haben das gemessen", fuhr ich fort, als ob diese Tatsache hier in einer Gegend mit Temperaturen unter dem Gefrierpunkt irgendeine Bedeutung habe. „Worte sind wie Eier", schnaubte Saleh hinter seinem Gesichtsschleier. „Sobald sie geschlüpft sind, wachsen ihnen Flügel. Wenn du nicht

12 Zwei Beduinen gönnen sich eine kurze Rast an einer Wasserstelle in einer marokkanischen Oase.

13 LINKS Tuareg tränken ihr Vieh an einem Brunnen in Mali. Diesem stolzen Volk ist der Fortschritt ebenso verhasst, wie es Invasionen liebt.

13 RECHTS Zeit für eine Tasse Pfefferminztee. Zwei Wüstenmänner rasten an der Ek-Glessour-Höhle in Algerien.

still bist, wird deine Zunge herausfallen. Das laialì-Wetter hat eingesetzt, die Kälte, die den Dromedaren die Beine bricht. Wir sollten uns beeilen." Ich hatte Angst. Ein Tuareg in Algerien hatte einmal zu mir gesagt: „Wenn dein Dromedar in der Sahara umkommt, bist du zum Tode verurteilt." Ich vergaß die Kälte und dachte an den Regen. Man sagt, dass es in der Sahara nie regnet, doch ich wäre in der Nähe von In Salah beinahe ertrunken. In einem Wadi, einem seit Jahrhunderten ausgetrockneten Flussbett in einer der heißesten Gegenden der Sahara, überraschte mich eine Hochwasserwelle. Die Sahara ist ein Trugbild, hier ist nichts so, wie es scheint.

Die Sahara hat noch nicht einmal einen Namen. Die Übersetzung bedeutet in etwa „leerer Ort" oder „verlassen", eine Wüste, in der man kein Leben erwartet. Aber wenn man in der Sahara irgendwo rastest, im weiten Nichts, fühlt sich irgendjemand in der Nähe verpflichtet, dich zu treffen. Möglicherweise macht er einen kilometerweiten Umweg, nur um dir die Hand zu schütteln, Tee mit dir zu trinken oder einfach ein wenig zu plaudern. Dies scheint das Gesetz der Wüste zu sein, die Basis der tief verwurzelten sozialen Instinkte des Menschen. „Quand on est dans le dèsert, on est dans la mèrde", sagte ein Tuareg, den ich getroffen habe. Er hat eine moderne Lösung für das Nomadendasein seines Volkes gefunden: Er fährt mit einem Truck über die Straßen, die sich zwischen der Oase und der Stadt dahinziehen.

Abgesehen von Menschen ist die Sahara mit Leben erfüllt. Eines Nachts machten wir in der Nähe von Laouni Halt, nahe der Grenze zu Niger. Ausnahmsweise erschien niemand außer den Geistern der Fremdenlegionäre, deren Fort einst an dieser Stelle errichtet war. Als wir eine Focaccia aßen, gebacken im Sand, näherte sich uns eine Maus, die sich wie ein Känguru aufrichtete und einen Schwanz hatte, der in einem zierlichen Haarbüschel endete. Das Tier zeigte keine Furcht. Hier kam nur selten jemand vorbei. Es fraß mir aus der Hand. Ich wurde sofort von jenem Syndrom befallen, das den weißen Mann in Afrika stets heimsucht. Ich gab der Maus nicht nur Krümel, sondern reichte ihr im Verschluss meiner Feldflasche auch Wasser. Anschließend legten wir uns schlafen. In der Nacht wurde unser Lager unter den Sternen von der Wüstenspringmaus und Unmassen ihrer Artgenossen in Besitz genommen. Irgendjemand stieß einen gellenden Schrei aus: Die kleinen Nager knabberten an seinen Ohren. Sein Pech war, dass er ausgerechnet auf dem Tuch schlief, auf dem wir gegessen hatten. „Das beste Restaurant für Springmäuse in der ganzen Sahara", hatte die Maus offensichtlich ihren Freunden erzählt. Ich weiß nicht, was eine Wüstenspringmaus wiegt, aber alle Tiere zusammen formten eine pelzbesetzte, undurchdringliche, schnappende, alles umfassende Masse. Wir gaben den Platz auf. Monate später kehrten wir nach Laouni zurück. Wir hielten an, um unser Lager aufzuschlagen. Im Schein des Feuers zeigte sich eine kleine pelzige Kreatur. Wir waren uns einig, dass dies die gleiche Maus wie damals war und warfen einen Schuh nach ihr. Sie kam nicht wieder und in dieser Nacht schliefen wir den Schlaf der Gerechten.

Die Sahara ist ein komplexes System, dessen hoch sensiblen Variablen und Wirkenden fluktuieren, sobald sich die Bedingungen ändern. Einige wenige Sandkörner, die eine Düne herabrutschen, können mithilfe des Harmattans, des Windes, der den Menschen in den Wahnsinn treibt, einen Sturm entfesseln. Die Tuareg, jene Bewohner, die sich der Wüste am besten angepasst haben, wissen, dass die Sahara ein Komplex ist, der sich wie ein lebender Organismus verändert. Für sie ist die „Wüste aller Wüsten" ein Gigant, der versehentlich auf die Erde geschleudert wurde. Ein Gigant, der seit Millionen von Jahren hier auf dem Rücken liegt. Sein Kopf befindet sich im Süden, sein Haar formen die Regenwälder von Schwarzafrika. Seine Füße, die er nach Norden streckt, sind die Gipfel des Hohen Atlas in Marokko. Der Gigant hat auch innere Organe. Manchmal werden Körperflüssigkeiten freigesetzt, unerwartetes Wasser oder Öl.

14 UND 15 Ein Sandsteingebilde (links) und Sandzungen (rechts) kennzeichnen die Landschaft nahe dem Ounianga Serir, dem drittgrössten See im Tschad.

16–17 In das Gesicht dieser Tuareg aus dem Aïr sind mit „Tinte" auf Pflanzenbasis Verzierungen geritzt.

18–19 Im Schutz ihres Zeltes ruht eine Tuareg aus dem Aïr mit ihrem Kind. Das Leben der Tuareg ist beschwerlich, doch sie scheinen es sich nicht mit modernen Verlockungen erleichtern zu wollen.

Der Mensch sammelt seine wertvollen Sekrete: Salz und andere Minerale. Der nackte, glatte Bauch des Giganten bildet das Zentrum der Wüste. Hier wechseln sich Oasen mit Dünen ab wie die Poren der Haut. Manchmal bewegt sich der Titan, wobei er Vulkane, wie im Tibesti, und Gebirge, wie den Hoggar, erschafft.

Seine biologischen Kreisläufe erzeugen Wind, pulsierenden Sand, das Herz des Gesteins, und Tau, der sich in den Höhlen sammelt. „Manchmal wenn er schwitzt, löst sich die Haut von seiner Brust", erzählte mir ein alter Mann, der damit die Hässlichkeit des erodierten Gesteins um uns herum beschrieb. „Das ist die Hammada."

Jene Menschen, die dieses anthropomorphe Territorium durchqueren, Nomaden, die Hirten, Krieger oder Kaufleute sind, garantieren den Fluss und den Wandel des Lebens. Die Araber, deren Name sich von dem Wort ar-rabiah ableitet (der Frühling, wenn die Dromedare geboren werden und ein Überfluss an Milch herrscht, der Himmel auf Erden für einen Nomaden), nennen die Wüste al-badia, woraus sich die Bezeichnung „Beduine" entwickelte. Das Wort bedeutet jedoch nicht nur „verlassener Ort". Der Begriff ist wesentlich komplexer. Seine Bedeutung ist stärker ökologisch und anthropologisch geprägt als geographisch oder geologisch. Es ist die Umgebung, auf die der Nomade sein Überleben gründet. Al-badia umfasst das gesamte System: Menschen, Tiere, Pflanzen, Ressourcen, Zeit und das Brauchtum, das das Leben charakterisiert. Fragt man einen Beduinen oder einen Tuareg, wo sein Zuhause ist, wo seine Verwandten leben, wo er sich im Einklang mit der Welt fühlt, so wird er antworten: „Fil-badia", „in der Wüste". Er meint damit natürlich nicht diesen leeren Raum, den das Wort in einem wachruft. Einen solchen Ort nennt er khala, „stiller, lebloser Ort" – eine Seltenheit in der Sahara.

Man kann die Sahara mit wissenschaftlichen Begriffen beschreiben, aber auch mit Emotionen. Wüstenexperten sprechen von drei Hauptkomponenten: das Territorium („wie" und „wo"), die Wüstenbewohner („wer") und die geschichtliche Entwicklung

des Systems Sahara („als"). Das Wissen über Landschaft und Natur, von der Geographie bis zum Klima, von der Flora bis zur Fauna, muss in Verbindung stehen mit den Veränderungen der Umwelt und der Geschichte der Bevölkerung, beginnend in prähistorischen Zeiten bis zum ethnographischen Nomadentum von gestern. Dadurch zeichnet sich ein Weg ab, vielleicht der einzige, der ein Leben in der Wüste ermöglicht.

„Man lebt nicht in der Wüste, man durchquert sie." So sagen die Beduinen und verweisen damit auf die Überlebensstrategie der beständigen Wanderschaft. Andere ziehen sich in die Oasen zurück, künstliche Lebensräume, geschaffen durch die Dichteanomalie des Wassers. Mit dieser ständigen Vorwärts- und Rückwärtsbewegung von einem Ende zum anderen bilden sich die Menschen der Sahara ihre eigene Meinung über die Natur. Sie sehen eine unsichtbare Metropole, in der Raum und Zeit virtuell sind, aber dennoch perfekt zu erkennen anhand von Zeichen, die einem Fremden verborgen bleiben. Zu dieser Erkenntnis gelangt man nur durch Erfahrung, nicht durch Lernen.

In einer der nicht zueinander passenden Lodges in der Sahara kam ich mit einem jener Kellner ins Gespräch, die dem Reisenden eine Tasse grünen Tee reichen. Er erzählte mir, dass er einst Student der Philosophie an der Universität von Algier gewesen sei. „Ich hatte die Nase voll und begann, Tee an Fernfahrer zu verkaufen. Ich stellte die Blätter zur Verfügung, sie das Wasser", berichtete er. Dann ging er in die Hocke und nahm mit beiden Händen Sand vom Boden auf. Zu jener Zeit gab es viele Verrückte in der Sahara: „Dies ist ein Haufen Sand", sagte der Philosoph. „Ja", stimmte ich zu. Daraufhin nahm er einige Sandkörner und warf sie beiseite. „Ist dies noch immer ein Haufen Sand?", fragte er mit dem liebenswürdigen Lächeln eines Berbers. „Ja", antwortete ich. Er wiederholte den Vorgang mehrmals, wobei seine Hände zu tanzen schienen. Dann fragte er mich: „Mit welchem Sandkorn hört der Haufen auf, ein Haufen zu sein?" Anfang und Ende der Sahara bleiben dem Menschen verborgen.

DIE ENTDECKUNG DER SAHARA

DIE ZEIT DER PFERDE

20 VON LINKS OBEN NACH RECHTS UNTEN PORTUGIESISCHE KARTE AUS DEM 16. JAHRHUNDERT; OASE IN DER SAHARA; JUNGE ALGERISCHE MÄNNER IM SPÄTEN 19. JAHRHUNDERT; CITROËN-EXPEDITION, 1922–1923.

21 DER PHYSISCHEN AUSDAUER DES DROMEDARS WAR ES ZU VERDANKEN, DASS MAN DIE SAHARA DURCHQUEREN KONNTE.

22 DIESES MOSAIK AUS DER VILLA SILIA (LIBYEN) ZEIGT EINEN PYGMÄEN, DER MIT EINEM STORCH KÄMPFT. SCHON IN DER ANTIKE WAR BEKANNT, DASS EIN STAMM DER „KLEINEN MÄNNER" HINTER DER GROSSEN WÜSTE LEBTE.

23 OBEN KÄMPFE ZWISCHEN PYGMÄEN UND DEN WILDESTEN, GRÖSSTEN TIEREN AFRIKAS KEHREN IN DER RÖMISCHEN KUNST IMMER WIEDER, WIE DIESES LEBENDIGE GEMÄLDE BELEGT, DAS MAN IM HAUS DES CHIRURGEN IN POMPEJI ENTDECKT HAT.

23 UNTEN ZAHLLOSE GRAVIERUNGEN, DIE MAN IN VERSCHIEDENEN REGIONEN DER SAHARA ENTDECKT HAT, BEKRÄFTIGEN DIE GESCHICHTEN HERODOTS ÜBER DIE GARAMANTEN UND IHRE SCHNELLEN STREITWAGEN. DIESE DARSTELLUNG FINDET MAN IM WADI DJERAT IM TASSILI N'AJJER.

Im Lauf der Jahrtausende verwandelte sich die Sahara von einem fruchtbaren Land in eine Savanne, ging in eine Steppe über und wurde schließlich zur Wüste – ein langsamer, jedoch unerbittlicher Prozess der Wüstenbildung, der bis heute andauert. Die ersten Niederschriften über die Sahara stammen aus der Antike. Darin wird berichtet, dass die Sahara eine mehr oder weniger schreckliche Einöde von immensen Ausmaßen ist, die die Territorien des mediterranen Afrikas von den mysteriösen südlichen Ländern trennt, die von Menschen bewohnt werden, deren Haut die Sonne geschwärzt hat. Die Sahara war jedoch noch nicht das, was sie heute ist.

Die Wüste beginnt heute wesentlich weiter südlich. Wenn die Griechen von Libyen sprachen, meinten sie die gesamte Ausdehnung Nordafrikas von Ägypten bis zum Atlantik. Das Gebiet wird in der Odyssee als reiches Territorium der Tierzüchter beschrieben, „wo Prinz oder Hirte, jeder hat, was er braucht, Käse, Fleisch und frische Milch; das Vieh wird täglich gemolken, denn das Schaf gebiert dreimal im Jahr …" Diese Libyer, Vorfahren der Berber, gründeten blühende Königreiche.

Im 5. Jahrhundert v. Chr. schreibt Herodot von den Garamanten, möglicherweise die Vorfahren der Tuareg, die sich zu jener Zeit im Fessan niedergelassen hatten: „Sie vertrieben die äthiopischen Höhlenmenschen mit Streitwagen, die von vier Pferden gezogen wurden. Dies war notwendig, denn der äthiopische Höhlenmensch kann schneller laufen als jeder andere Mensch, von dem man jemals gehört hat." Dieser kurze Kommentar enthält zwei wertvolle Informationen. Erstens: Geht man davon aus, dass Pferdeherden existierten, dann muss es in der Wüste wesentlich mehr Weideland und Wasser gegeben haben als heute. Zweitens: Auch die nördlichen Gebiete wurden von Schwarzen bewohnt, die in Berghöhlen lebten. (Für die Griechen waren alle Äthiopier schwarze Afrikaner.) Man geht davon aus, dass ihre Nachkommen die Tubu sind, die im Tibesti leben. Herodot berichtet außerdem von der ersten uns bekannten Durchquerung der Sahara, unternommen von jungen Nasamonen, Mitglieder eines Berberstamms, der in der Cyrenaika lebte. Offensichtlich war der Anlass für die Reise eine Wette. Die mutigen Männer machten sich unerschrocken auf den Weg in die Einsamkeit des Südens. Sie durchquerten ein „Gebiet wilder Bestien", wanderten tagelang durch endlosen Sand (glücklicherweise hatten sie Wasser und Nahrung bei sich) und erreichten schließlich eine Region mit Bäumen und Weideland. „Dort", so berichtet der griechische Historiker, „wurden sie von kleinen Männern angegriffen, kleiner als der Durchschnitt, die sie nach Größe ordneten und verschleppten. Die Sprache dieser Zwerge war den Nasamoniern unbekannt. Die Kleinwüchsigen führten ihre Gefangenen durch ein weitläufiges Sumpfland und erreichten schließlich eine Stadt, in der alle Einwohner schwarz und ebenso klein waren. Nahe der Stadt zog sich ein Fluss von West nach Ost hin, der mit Krokodilen verseucht war." Vielleicht spricht Herodot vom Niger, an dessen Ufern zu jener Zeit Pygmäenstämme lebten.

25 **LINKS** Diese naturgetreue Wiedergabe eines Elefanten in Form eines Mosaiks wurde in einer römischen Villa in Tunesien entdeckt. Das Kunstwerk ist ein Exponat des Bardomuseums in Tunis. Pferde zogen einst wertvolle Stosszähne auf Wagen quer durch die Sahara an die Mittelmeerhäfen.

25 **RECHTS** Umgeben von wilden Tieren prahlt Afrika mit ihrem Reichtum, darunter das obligate Elfenbein. Die Lünette stammt aus der Villa Romana del Casale und ist vermutlich das Werk nordafrikanischer Künstler.

Sicher weiß man nur, dass in klassischer Zeit die phönizischen und griechischen Städte, die an der nordafrikanischen Küste aus dem Boden gestampft wurden, mediterrane Ziele waren, entlang einer lukrativen Handelsroute durch die Sahara, auf der hochpreisige Produkte aus Schwarzafrika nach Europa gelangten. Zu diesen Städten gehörten Karthago, Sabratha, Oea (heute Tripolis), Leptis Magna und Kyrene. Gehandelt wurde vor allem mit Straußenfedern, Elfenbein, Sklaven und Gold. Der Handel lag in Händen der Einheimischen, insbesondere der Garamanten. Nur selten begleiteten die griechischen oder phönizischen Händler von der Küste die Karawanen. Man weiß jedoch von einem Karthager namens Magone, der die Wüste dreimal durchquerte, ein Unternehmen, das als höchst ungewöhnlich galt.

Die Handelsware, zu der auch Ebenholz, wilde Tiere für den Zirkus und wertvolle Steine gehörten, erreichte die Städte in weitaus größeren Mengen, nachdem Rom seine Rivalin Karthago vernichtet und Nordafrika bis nach Marokko erobert hatte.

Das unersättliche Rom verschlang Waren aus aller Welt, vor allem jedoch Luxusgüter. Zu jener Zeit reisten lange Prozessionen mit von Pferden gezogenen Karren auf den Handelsrouten der Wüste.

Das Interesse Italiens an diesen Strecken war so stark, dass Rom beschloss, die direkte Kontrolle zu übernehmen, und Eroberungsfeldzüge einleitete. Im Jahr 19 v. Chr. verließ Konsul Cornelius Balbo mit einer 15 000 bis 20 000 Mann starken Armee Sabratha und marschierte nach Phazania (heute Fessan). Offensichtlich gab es entlang der knapp 700 km langen Strecke ausreichend Wasserstellen, an denen so viele Menschen ihren Durst löschen konnten.

Ein Jahrhundert später, zur Zeit Kaiser Domitians, berichten historische Quellen nur kurz von drei Expeditionen. Sie ließen den Fessan hinter sich und gelangten zu einem „großen Fluss", bei dem es sich möglicherweise um den Niger handelt.

Dies waren jedoch nur unbedeutende Vorstöße ohne weit reichende Konsequenzen. Auch wenn die Generäle im Triumph nach Rom zurückkehrten, so blieb der Handel doch in den Händen der Wüstenbewohner.

24–25 Das Mosaik einer Jagdgesellschaft in der Villa Romana del Casale in Piazza Armerina (Sizilien) zeigt das Verladen exotischer Tiere, die man in Nordafrika gefangen hat. Die wilden Tiere waren für die Zirkusspiele des imperialen Rom sehr gefragt.

26 Trompetenklänge und Trommelwirbel künden von der Ankunft einer Karawane, die ihr Ziel nach einer erschöpfenden und oftmals gefährlichen Reise erreicht hat.

27 In der so genannten Cantino-Karte (1501–1505) ist die Sahara beinahe inexistent. Sie ist eingezwängt zwischen das Massiv der Montes Claros (Atlasgebirge) im Norden und das legendäre Castello da Mina im Süden, einer portugiesischen Niederlassung an der Küste von Guinea.

Als die Macht des Römischen Reiches schwand, entdeckten die Einheimischen eine lukrativere Einnahmequelle als den Handel: verheerende Angriffe auf römische Territorien. In dieser Zeit kam es zu einer fundamentalen Neuerung, die der immer trockener werdenden Sahara ihre Rolle als Handelsbrücke zwischen dem Mittelmeerraum und dem Sudan sicherte: die Einführung des Dromedars. Das einhöckerige Kamel gelangte vermutlich zwischen dem 3. und 4. Jahrhundert von Asien nach Nordafrika. Das genügsame, einfache Tier kommt tagelang ohne Wasser aus und kann sich von Dornengestrüb ernähren. Es ersetzte das Pferd, das in der Sahara nicht mehr überleben konnte, und sollte den Nomaden jahrhundertelang zur Durchquerung des sich immer weiter ausdehnenden Gebiets aus Sand und Gestein dienen. Das Dromedar wurde zum Wüstenschiff, das Reisende von Oase zu Oase bringt, jenen Inseln des Lebens in einem Ozean ohne Wasser. Dank der Kamelkarawanen mit den leichten Sätteln und den Wassersäcken aus Ziegenleder war es möglich, immer weitere Strecken zwischen den verstreut liegenden Wasserstellen zurückzulegen. Als die Araber in Nordafrika einfielen und der endlosen Wüste den Namen gaben, den sie noch heute trägt, Sahara, „die Leere", ermöglichte das Kamel die Gründung von fabelhaften, blühenden Städten an den Ufern dieses wasserlosen Ozeans. Zu diesen Städten gehörte auf marokkanischer Seite Sijilmassa mit seinen Steinwällen und seiner Überfülle an Palästen, umgeben von Villen und Gärten. Hier luden die Karawanen das Gold aus Beled es Sudan ab, dem Land der Schwarzen, und kehrten südwärts heim, beladen mit Kupfer, Wollkleidung, Turbanen, Medikamenten, Parfüms und Datteln. Zu diesen Städten gehörte auch Aoudaghost, das man mit dem Kamel in 51 Tagen erreichte. Die schwarzen Bewohnerinnen waren berühmt für ihren Nusskuchen, ihre Makkaroni mit Honig, ihr Kamel mit Trüffeln und ihre Schlange in Wermut. Dazu gehörte auch Ghana, eines der südlichen Ziele, Hauptstadt eines großen afrikanischen Reiches, dessen König Pferde besaß, die mit Gold geschmückt waren, und Mastiffs, die silberne Halsbänder trugen. Erwähnenswert ist auch Mali, das im 14. Jahrhundert die reichste Stadt des Sudan war. Der König von Mali besaß „einen reinen Goldklumpen, der niemals Feuer gesehen hat, so schwer, dass

20 Mann ihn kaum bewegen können, und an den er sein Pferd bindet".

Die erste ausführliche Geschichte von einer Wüstendurchquerung stammt aus dieser glücklichen Zeit. Sie gelang jemandem, den man für den größten aller arabischen Reisenden hält: Mohammed ibn Abdallah al-Lavati, besser bekannt als Ibn Battuta. Ibn Battuta wurde 1304 in Tanger geboren. Im Alter von 21 Jahren verließ er seine Familie und seine Heimat und begab sich auf eine Pilgerreise nach Mekka. Er sollte den Rest seiner Tage auf Reisen verbringen. Ibn Battuta besuchte den weiten islamischen Orient und erreichte auf dem Seeweg Indien, China und Ostafrika. 1352 bereiste er im Gefolge einer Handelskarawane die Route Sijilmassa–Mali. Er sah Häuser aus Salzsteinen und Dächer aus Kamelhaut. Er sah armselige Dörfer, in denen Unmengen an Goldstaub den Besitzer wechselten. Er sah Wüstensand, „leuchtend und glänzend, der das Herz erfreut und euphorisch macht." Er kämpfte sich durch Fliegenschwärme und Horden von Läusen, die ihn nicht bissen, weil er Bingelkraut um den Hals trug. Er blieb unversehrt, als er auf die Dämonen traf, die die Dünen heimsuchen und die Reisenden verhexen, sodass sie vom Weg abkommen und jämmerlich verdursten. Er litt Hunger und Durst. Als Ibn Battuta das Land der Schwarzen erreichte, musste er feststellen, dass die Bewohner unkultiviert und unhöflich waren und dass die Frauen mehr galten als die Männer. Er war enttäuscht von ihrem Willkommensfest, bei dem nur gemahlene Hirse mit etwas Milch und Honig gereicht wurde. Noch unzufriedener war er jedoch mit dem Abschiedsgeschenk des Königs von Mali:

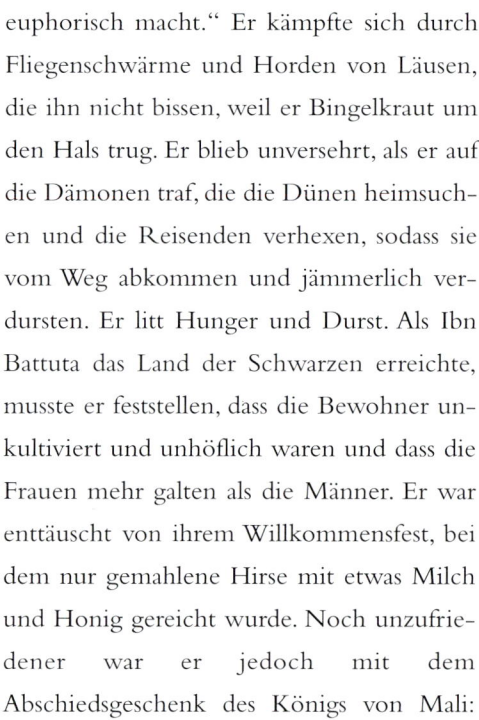

drei Brotlaibe und ein Stück gebratenes Fleisch.

Ibn Battuta kehrte auf einem anderen Weg zurück. Er durchquerte Landschaften mit todbringenden Skorpionen und das Territorium der Hoggartuareg, „verschleierte Menschen, die nichts Gutes verheißen". Er hatte jedoch Glück, denn es war Ramadan, ein Monat, in dem die Plünderer ihre Raubzüge vorübergehend einstellten. Ende 1353 sah er Sijilmassa wieder. Er berichtete viel Gutes über die Sahara und bezeichnete sie als ein Land, in dem das Leben hart, aber mit Ausnahme einiger weniger Zonen nicht unmöglich ist, und in dem ein gewisser Wohlstand herrscht, der sich auf Handel und gut organisierte Karawanen gründet.

Jetraiu

Quesso sono pa
ludi gradissi
mi de iql nasce
questo fiume ep
chia

manilo

pa lude

a isola
el tapo

Jo ho notado de sopra
chel nilo nasce i abassia tra p
prouicie. zoe maroia ouer meroi.
e salguma libri punici dicono che
nasce imauritania. laqual cossa
io no credo tuta esser uera chel nilo
habi qui el origine p le isformatio
ho habuto ma che questo sia uno ramo
del nilo io asfermo. pche se truoua qli
simili animali che se truoua nel
nilo

mons pollaza

Stach

chucuben.

palude

P. lio

bolala

agran

chucho garaga

chon

sengi primi

isola

daxo

bargemi

lago

lago

mandera

tombatu

naua

iago

Hain.

angala

bolaglia
garamatea

çalon

piade

ME   RGI

cuba

organa

patali

mergi

luxaga

chidin

anon

toso

Arigabeleo

engerõ

medi

DESERTO

calen

calen

cale

curbi

De serto

AFRICA

p che sono molti cosmographi e dottissimi
homeni iqual seruieno che in qsta affrica. ma
xime nele mauritanie essercui molti mostruo
si homeni e aiali. pme neccessario qnotar el parer mio. no
pho che io uegli ptradirale autorita de tati ma poir la diligetia ho
habuta i inqrir tute le nouita sea possuto iuestiga p molti anni de
qsta affrica começando dalibia barbaria etute le mauritanie psina al
fiume daloro ada i.7. moti a tuerso p era de neg oltra el pmo clima e de
soto começado dabiminiagra marocho. fessa. sicilmesa e p quela costera
te moti euerso el garbi. p garamatia. saramatia. almagna. benisch

DIE KÖNIGIN DER SAHARA

Mit den Waren aus Beled es Sudan gelangten auch übertriebene Berichte hinsichtlich der Reichtümer der Sahara nach Europa. Diese Berichte spornten Möchtegern Marco Polos aus Genua, der Provence und Katalonien an, solch verlockende Reiseziele anzusteuern. Sie tätigten hervorragende Geschäfte, blieben jedoch bis in das letzte Jahrhundert unbekannt, denn im Gegensatz zu dem berühmten Venezianer wurden die Berichte über ihre Abenteuer in Afrika nicht so bekannt und ihre Briefe versanken in den Tiefen der Archive. Es gab zum Beispiel einen anonymen Kaufmann aus Genua, der Sijilmassa um 1300 bereiste. Er war der erste Europäer, der von den Tuareg erfuhr, „die stets einen Gesichtsschleier tragen". Auch Anselmo d'Ysalguier aus Toulouse durchquerte die Wüste, erreichte 1410 Gao, verliebte sich in eine schwarze Prinzessin und brachte sie mit einer reichen Mitgift aus Goldstaub und Edelsteinen in seine Heimat. Antonio Malfante, ein Genueser, besuchte 1447 Touat. Er war beeindruckt vom Reichtum der jüdischen Kaufleute – hinsichtlich der Geschäftsbedingungen bezeichnen einige Historiker das Mittelalter als „jüdische Ära der Sahara". Am meisten beeindruckten ihn jedoch die verschleierten Tuareg, die behaupteten, sie seien die Nachkommen der biblischen Philister. Malfante fand allerdings nicht heraus, woher das ganze Gold kam, denn die Menschen, die er fragte, waren nicht so naiv, wie er hoffte. Also kehrte er in seine Heimat zurück und lobte die Gemüsebutter, die er als „wunderbar" bezeichnete. Ein Vierteljahrhundert später durchquerte ein Florentiner namens Benedetto Dei die Sahara. Er kam bis Tambettu, vielleicht Timbuktu. Dort tätigte er „viele Geschäfte" und dort wurden „Stoffballen verkauft und Wolle mit Fischgrätenstich und Ghurnelli-Stoffe mit dem Muster, das sie in der Lombardei herstellen".

Zur selben Zeit gelangten portugiesische Schiffe auf ihren Reisen entlang der afrikanischen Küste immer weiter nach Süden. In westlicher Richtung richteten sie mehrere Basen und Handelsposten ein. Am bedeutendsten war Elmina, das man an der Stelle lokalisiert hat, die zu jener Zeit Goldküste genannt wurde und heute als Küste von Ghana bekannt ist. 1483 brach eine Gesandtschaft diplomatischer Kaufleute von hier aus nach Timbuktu auf, das in der Vorstellung der Europäer die Königin der Sahara war. Man wollte den Handelsverkehr durch die Sahara an den Golf von Guinea umleiten und die Karawanen durch Schiffe ersetzen. Damit würden die islamischen Staaten Nordafrikas nicht nur vom Handel abgeschnitten, sondern man würde gleichzeitig diesen Feinden des Christentums den tödlichen Schlag versetzen. Offensichtlich scheiterte das Unternehmen: Von den acht Hoffnungsvollen, die ausgezogen waren, kehrte nur einer in erbärmlichem Zustand zurück.

Die Legende von Timbuktu als eine Art afrikanisches Eldorado hielt sich bis in das späte 19. Jahrhundert. Der Stadt wurde die Africa Descriptio gewidmet, eine umfassende Abhandlung über die Geographie des Schwarzen Kontinents, geschrieben von einem Mann, der selbst viele der Stätten besucht hatte, die er beschreibt: al-Hassan ibn Mohammed al-Wazzan. Al-Wazzan wurde 1495 in Granada (Andalusien) geboren und emigrierte mit seiner Familie nach Marokko auf der Flucht vor der zwangsweisen Konvertierung zum Christentum, die von den spanischen Herren gefordert wurde. Nach einer Reise durch den Maghreb und den Nahen Osten wurde er von sizilianischen Piraten in den Gewässern vor Tripolis gefangen genommen. Man lieferte ihn an Papst Leo X. aus, dem er aufgrund seines umfassenden Wissens ein willkommener Sklave war. 1520 konvertierte al-Wazzan, vielleicht um der Engelsburg zu entkommen, in der er ein Jahr lang eingesperrt war. Er nahm den Namen Leo Africanus an und verfasste unter diesem Pseudonym seine Werke in Italienisch. 1550 wurden seine Schriften in Venedig von Ramusio in dessen umfassender Sammlung Delle navigazioni e viaggi veröffentlicht. Drei Jahrhunderte lang diente diese Sammlung Geographen und Kartographen als Nachschlagewerk. Leo Africanus durchquerte die Sahara in alle Richtungen, von Nord nach Süd, von Ost nach West, von Marokko bis zum Niger und vom Niger bis zum Nil. Seine Beschreibung Timbuktus, wo er sich oft für lange Zeit aufhielt, enthält ein umfassendes Kapitel über den Handel: „Es liegt etwa 20 km entfernt von einem Arm des Niger und seine Häuser sind lehmüberzogene, strohgedeckte Holzhütten. Es gibt einen Tempel aus Stein und Mörtel, den ein großartiger Meister aus Granada errichtet hat, und einen entsprechenden großen Palast desselben Künstlers, in dem der König residiert. Und in dieser Stadt gibt es viele Werkstätten von Künstlern und Händlern, die vor allem Baumwollkleidung weben; von Kaufleuten aus Barbary bekommt diese Stadt europäische Kleidung.

Die Frauen dieser Stadt verhüllen noch immer ihre Gesichter, mit Ausnahme der weiblichen Sklaven, die alles verkaufen, was man essen kann; und die Bewohner sind sehr reich, vor allem die Fremden, die sich hier niederlassen, und der derzeitige König hat sogar zwei seiner Töchter mit zwei Kaufmannsbrüdern vermählt, so sehr hat ihn deren Reichtum bewegt. In dieser Stadt gibt es außerdem viele Frischwasserquellen, ungeachtet dessen, dass der Niger sich in bestimmte Kanäle nahe der Stadt ergießt, wenn er anschwillt … Getreide und Tiere gibt es im Überfluss, weil die Einwohner Milch und Butter lieben; es gibt jedoch nur wenig Salz, sodass das Mineral aus Tegaza angeliefert werden muss, das etwa 800 km von Timbuktu entfernt liegt.

Der König besitzt unermesslich viele Goldpiastre und Bullions, die zum Teil bis 1 300 Pfund wiegen. Sein Hofstaat ist ordentlich und prächtig, und wenn er mit seinen Höflingen von einer Stadt in die nächste reist, reitet er auf einem Kamel und seine Diener führen die Pferde; und wenn er in die Schlacht zieht, binden sie die Kamele fest und alle Soldaten reiten auf Pferden. Wer zu seinem König sprechen will, muss vor ihm niederknien, eine Hand voll Erde aufnehmen und über Kopf und Schultern verteilen.

Dies ist die Huldigung, die allerdings nur Gesandte darbringen und jene, die noch nie zuvor mit ihm gesprochen haben. Er besitzt etwa 3 000 Pferde und eine schier unbegrenzte Zahl an Dienern, die Bogen tragen, deren Ruten aus wild wachsendem Fenchel gefertigt sind.

Damit schießen sie vergiftete Pfeile ab. Sie führen oft Krieg gegen benachbarte Feinde und gegen jene, denen sie keinen Tribut zahlen wollen, und wenn sie gewinnen, verkaufen sie in Timbuktu die Jünglinge, die sie in der Schlacht gefangen genommen haben. In diesem Land werden keine Pferde geboren, einige kleine Reittiere ausgenommen, die Händler auf Reisen einsetzen und manche Höflinge in der Stadt.

Die guten Pferde kommen jedoch aus Barbary. Der König bat um einige Tiere, es wurden ihm zwölf geschickt und er wählte sofort das aus, das er bevorzugte, und bezahlte tatsächlich anständig dafür. Dieser König ist ein großer Feind der Juden und er erlaubt nicht, dass einer von ihnen in seiner Stadt verweilt. Es leben viele Richter, Doktoren und Priester in der Stadt, die vom König alle gut bezahlt werden, und der König schätzt Literaten sehr. Außerdem werden viele handgeschriebene Bücher verkauft, die aus Barbary kommen, und damit wird mehr Profit gemacht als mit irgendeiner anderen Ware. Anstelle von Geld verwenden sie reines, unverfälschtes Gold und für unbedeutende Dinge kleine Muscheln aus Persien, die von einem bis zu 400 Dukaten wert sind.

In der Regel sind die Einwohner gutmütige Menschen und sie haben die Angewohnheit, zwischen etwa zehn Uhr nachts und ein Uhr morgens musizierend und tanzend durch die Stadt zu ziehen, und die Bürger haben

viele männliche und weibliche Sklaven die ihre Bedürfnisse befriedigen. Diese Stadt ist ständig der Feuergefahr ausgesetzt und als ich zum zweiten Mal hierher kam, brannte beinahe die halbe Stadt innerhalb von fünf Stunden nieder. Außerhalb der Stadt gibt es weder Gärten noch fruchtbares Land."

Leo Africanus spricht auch von Wegen, denen die Wüstenkarawanen folgen quer durch „schroffe und unwirtliche", einsame Gegenden, in denen „wegen der großen Hitze und des Wassermangels viele Menschen und Tiere sterben". Weiter beschreibt er die unterschiedlichen Menschen, denen er in den Oasen begegnete, darunter auch die Tuareg: „Jene, die sie noch nie gesehen haben, können sich nicht vorstellen, wie geduldig sie Hunger ertragen. Sie sind es nicht gewohnt, Brot oder andere Kost zu sich zu nehmen, aber sie ernähren sich von der Milch ihrer Kamele und sie trinken jeden Morgen eine große Kelle von dieser Milch, die noch warm ist.

Am Abend essen sie ein bestimmtes Trockenfleisch, gekocht in Milch und Butter. Wenn es gekocht ist, nehmen sie ihre Portion in die Hände, und wenn sie gegessen haben, trinken sie die Suppe, wobei sie keinen Löffel, sondern ihre Hände benutzen. Anschließend trinken sie eine Tasse Milch und damit ist das Abendessen beendet.

Es gibt keine Vorschriften. Die Adligen dieses Volkes tragen ein schwarzes Tuch auf dem Kopf, mit dem sie ihr Gesicht so bedecken, dass nur die Augen frei bleiben. Ihr Gesicht ist stets verhüllt, sodass sie, wenn sie essen möchten, bei jedem Bissen ihren Mund enthüllen und wieder bedecken müssen. Sie sagen, der Grund für diesen Brauch liege darin, dass es für den Menschen ebenso anstößig ist, Nahrung auszuscheiden, wie zu sich zu nehmen. Ihre Frauen sind ziemlich klein und korpulent, aber nicht sehr weiß. Ihre Hintern sind dick und rund, ebenso wie ihre Brüste und ihr Schoß; ihre Taillen sind eher schmal.

Es sind angenehme Frauen … und manchmal erlauben sie sich selbst, dass man sie küsst, aber es ist gefährlich weiter zu gehen, denn aus einem solchen Grund kann man ohne Mitleid ermordet werden. Diese

31 LINKS König Sebastian von Portugal fiel in der Schlacht bei Ksar el-Kebir, aus der die marokkanischen Truppen al-Mansurs siegreich hervorgingen.

31 RECHTS Die Tuareg, die wahren Herren der Wüste, lebten von Überfällen auf reiche Karawanen oder von Wegezöllen, die sie von Reisenden eintrieben, die ihr Territorium passierten.

Menschen sind außerdem relativ unabhängig und sie meiden die Hauptstraßen. Die Karawanen, die ihre Wüste durchqueren, müssen jedoch eine bestimmte Abgabe an ihre Fürsten entrichten, die für jedes beladene Kamel im Wert von etwa einem Dukaten in Form von Tuch besteht."

Zu jener Zeit gehörten Timbuktu und der gesamte Süden der westlichen Sahara einschließlich der äußerst wichtigen Salzminen von Tegaza zum afrikanischen Reich der Songhai mit der Hauptstadt Gao am Niger. Bedeutendster König des Reiches war Mohammed Touré, genannt Askia, der zwischen 1493 und 1528 herrschte.

Doch der Wohlstand sollte den Untergang des blühenden Reiches Songhai besiegeln. Unter Sultan al-Mansur trachtete Marokko nach sudanesischem Gold. 1583 schickte der Sultan eine Gesandtschaft in geheimer Mission nach Gao.

Sie sollte die Stadt auskundschaften und die Militärmacht der Songhai beurteilen. Der pompöse Empfang, den man der Gesandtschaft bereitete, schürte die Gier der Marokkaner nur noch mehr. Der Sultan entsandte umgehend ein 20 000 Mann starkes Heer in die Wüste, das Hunger und Durst im Verlauf des Marsches dezimierten. Die Überlebenden eroberten Tegaza und dessen Salzminen, kamen jedoch nicht weiter. In der Sahara war es unmöglich, Nachschub für ein solch riesiges Heer zu organisieren. Al-Mansur erkannte das und änderte seine Taktik. Gegen Ende des Jahres 1590 vollendeten wenige

nie wieder erholen sollte. Vor den Toren des Sultanspalast verarbeiteten 14 000 Goldschmiede Tag für Tag das geraubte Edelmetall. Wie sein Counterpart im imaginären Eldorado, das die Spanier in Amerika suchten, nahm al-Mansur den Titel el-Dehebi, „der Goldene", an.

Ab diesem Zeitpunkt gehörte die gesamte westliche Sahara zum marokkanischen Reich. Der Handel lag jedoch in Trümmern.

Der Niedergang der Songhai führte zu Anarchie und das Territorium zerfiel in ein Mosaik schwacher Staaten. Viele Stämme beraubten die Karawanen und schließlich wurde das Gold auf sichereren Wegen nach Tunis, Tripolis und zu den europäischen Handelsposten an der Küste von Guinea gebracht.

Timbuktu wurde zunächst von einem marokkanischen Pascha regiert

hundert Männer das Unternehmen. Diese Elitetruppe war mit den modernsten Feuerwaffen ausgestattet und damit den Songhai weit überlegen. Die meisten dieser Musketiere, Arkebusiere und Artilleristen waren abtrünnige Christen aus Spanien, Portugal und Italien. Die Marokkaner nannten sie „Rumi". Nach den Strapazen in der Wüste feierten die Eroberer im Dienste des Islam ihre Ankunft an den belebenden Wassern des Niger mit einem orgiastischen Festmahl. Dann stellten sie sich den 40 000 Kriegern der Armee der Songhai, die sie vernichtend schlugen. Gao und Timbuktu fielen. Endlose Kamelkarawanen erreichten Marrakesch, über und über beladen mit Kriegsbeute: Goldstaub, Sklaven, Moschus, Ebenholz und all die anderen Reichtümer aus Beled es Sudan, das sich von dieser Katastrophe

und später von den Nachfahren der Rumi. Die Königin der Sahara blieb die Stadt nur in der Fantasie zahlloser Suchender, die hofften, die legendären Königreiche zu finden. Das Gerücht von dem unermesslichen Schatz, den der Sultan von Marokko angehäuft haben sollte, veranlasste unzählige englische und französische Abenteurer, sich auf den Weg in die sagenhafte Stadt zu machen. Sie setzten ihre Schiffe wenige Kilometer unterhalb des Laufs des Gambia oder des Senegal auf Grund, in etwa an der Stelle, die die afrikanische Geographie im düsteren 17. Jahrhundert als Mündung des Niger sehen wollte.

Im Zeitalter der Aufklärung wurde die Gier nach Reichtum von der Sehnsucht nach Wissen abgelöst. Neben dem mystischen Timbuktu galt es,

32 UND 33 IM FRÜHEN 19. JAHRHUNDERT ENTSTANDEN DIE ERSTEN LEGENDEN UM DIE TUAREG, IHRE GESICHTSSCHLEIER UND IHRE SITTEN UND GEBRÄUCHE. IN DIESEN ERZÄHLUNGEN HATTEN SIE EINE GEWISSE ÄHNLICHKEIT MIT DEN FAHRENDEN RITTERN DES MITTELALTERLICHEN EUROPA. ZU JENER ZEIT BRACHEN DIE ERSTEN EXPEDITIONEN VON DER AFRIKANISCHEN KÜSTE AUF, UM DAS LEGENDÄRE TIMBUKTU, DIE KÖNIGIN DER WÜSTE, ZU SUCHEN. DIE DARSTELLUNGEN ZEIGEN ARABER UND TUAREG, WIE SIE DIE BEIDEN ENGLÄNDER LYON UND RITCHIE SAHEN, DIE TRIPOLIS 1819 VERLIESSEN UND BIS MURSUK IM LIBYSCHEN FESSAN REISTEN.

ein weiteres Geheimnis zu lüften. Es sollte ein riesiger Binnensee in der Sahara existieren: der Tschadsee. Wie sich herausstellen sollte, handelte es sich dabei um ein schlammiges, giftiges Gewässer. 1788 gründete eine Gruppe bedeutender britischer Wissenschaftler, Finanziers und Politiker die „Association for Promoting the Discovery of the Interior of Parts of Africa". Der Name wurde Programm. Die Vereinigung organisierte umgehend Entdeckungsreisen. Der Seefahrer John Ledyard brach noch 1788 auf. Er hatte das ambitionierte Ziel vom Nil zum Atlantik tausende von Kilometern mitten durch die Wüste zu reisen. Er starb jedoch in Kairo am Fieber, als er noch mit dem Organisieren seiner Karawane beschäftigt war. Ebenfalls im Jahr 1788 besuchte William Lucas, ehemaliger britischer Vizekonsul in Marokko, Tripolis. Von dort reiste er weiter Richtung Süden, bis er an den Golf von Guinea gelangte. Er verließ nie den Mittelmeerraum und kam nie über Misurata hinaus.

Major Houghton ereilte ein trauriges Schicksal. Er entschied sich für die westliche Reiseroute, wurde jedoch von Berbern in einen Hinterhalt gelockt und gemeuchelt.

1795 bot ein junger Chirurg aus Schottland namens Mungo Park der „African Association" seine Dienste an. Seine Aufgabe bestand darin, dem Lauf des geheimnisvollen Niger zu folgen und Timbuktu zu besuchen. Auf

seiner zweiten Reise im Jahr 1805 ertrank er in diesem Fluss, als er von feindlich gesinnten Eingeborenen angegriffen wurde. Nur wenige Tage zuvor hatte er den Flusshafen der legendären Stadt erreicht. Es gelang ihm jedoch nicht, dort anzulegen.

Ein ähnliches Schicksal ereilte den deutschen Theologiestudenten Friedrich Hornemann. Der 25-jährige, athletisch gebaute Mann war Experte in den Naturwissenschaften und in Meteorologie und beherrschte die arabische Sprache. Die Vereinigung sah in ihm den geeigneten Kandidaten und entsandte ihn 1797 nach Ägypten. Von dort sollte er in die Sahara reisen. Die Landung der Franzosen verkomplizierte die Angelegenheit zunächst, doch schließlich segnete auch Napoleon Bonaparte die Unternehmung ab. In Kairo traf Hornemann einen anderen Deutschen, Joseph Freudenburg, der zum Islam konvertiert war. Die beiden Männer schlossen sich Pilgern an, die sich auf dem Rückweg von Mekka in den Fessan befanden. Hornemann gab vor, Muslim zu sein, und reiste unter dem Namen Yussuf. In der Oase Siwa

erblickte er die imposanten Überreste des Zeus-Amun-Tempels. Hier hatte sich einst Alexander der Große als Sohn eines Gottes ausgerufen. Am Berg der Einbalsamierten sah Hornemann unzählige Höhlen, in denen Mumien lagen. In der Oase Augila wurde er von Trompetenklängen begrüßt, während die Reiter seiner Eskorte unter dem grünen Banner des Propheten Aufstellung genommen hatten. Barfüßig, als Zeichen des Respekts, küsste er die Hand des Sultans von Mursuk, der Hauptstadt des Fessan. Der Herrscher begrüßte ihn auf einem antiken Elfenbeinthron sitzend. Freudenburg starb in Mursuk am Fieber und Hornemann reiste nach Tripolis. Im Dezember 1799 brach er von dort erneut in den Süden auf. Er passierte den Fessan, durchquerte die Wüste, erreichte Bornu und reiste von dort nach Westen in Richtung des Niger weiter, den er im Sommer 1800 erreichte. Dort raffte ihn die Ruhr dahin, in der Nähe jenes Ortes, an dem fünf Jahre später auch Mungo Park den Tod finden sollte. Die Reiseroute, der Hornemann gefolgt war, scheint die bestmögliche gewesen zu sein. Nach einer mehrjährigen Unterbrechung, verursacht durch die Ägyptische Expedition unter Napoleon Bonaparte, wurden, ausgehend von Tripolis, neue Forschungsreisen unternommen. Auf Befehl der osmanischen Regierung kollaborierte der türkische Pascha und erlaubte im März 1819 dem Wissenschaftler Joseph Ritchie und dem Kommandanten der Royal Navy, George Francis Lyon, sich einer Karawane anzuschließen, die nach Mursuk reiste. Die Reise war beschwerlich. Die Karawane musste ständig gegen Sandstürmen ankämpfen, verursacht durch den Simun, jenem schrecklichen Wüstenwind, der die Atmosphäre mit Elektrizität auflädt und Funken stieben lässt. Dennoch war die Stimmung freundlich und rücksichtsvoll, denn die Kameltreiber waren aus irgendeinem Grund der Meinung, dass Ritchie der Schwiegersohn des Königs von England sei. Lyon, ausgestattet mit Kompass und Astrolabium, hielten sie für einen Totenbeschwörer. Die Wüstenseefahrer glaubten, dass Schiffe in ewiger Finsternis segeln mussten, in einem Meer ohne Sonne und Mond. Deshalb brachten sie dem fremden Seefahrer großen Respekt entgegen. Als die Karawane Mursuk erreichte, erkrankte Ritchie und starb. Lyon zog es vor, auf die Weiterreise nach Bornu zu verzichten, nachdem er Zeuge der Ankunft einer Karawane mit Sklaven geworden war, die die Tuareg gefangen genommen hatten, „die schönste Menschenrasse, die man je gesehen hat".

34–35 Ein Wasserloch, umgeben von dichter Vegetation und wenigen Palmen – eine typische Oase in der Sahara, der lang ersehnte, Leben spendende Quell in der unendlichen Weite der Dünen. Die Darstellung stammt aus dem Reisetagebuch der Engländer Denham, Clapperton und Oudney.

35 LINKS 1822 SCHLOSS SICH HUGH CLAPPERTON DER EXPEDITION OUDNEYS AN, DIE DIE SAHARA DURCHQUERTE UND DEN TSCHADSEE ERREICHTE. NACH SEINER RÜCKKEHR UNTERNAHM CLAPPERTON 1825 EINE WEITERE FORSCHUNGSREISE, AUF DER ER VOM GOLF VON GUINEA BIS NACH SOKOTO (NIGERIA) GELANGTE, WO ER 1827 STARB.

35 RECHTS DIXON DENHAM LERNTE CLAPPERTON UND HILLMAN AUF DER EXPEDITION MIT OUDNEY KENNEN. MIT TOOLE, EINEM WEITEREN GELEGENTLICHEN BEGLEITER, ERFORSCHTE ER DIE REICHE SÜDLICH DES TSCHADSEES. DENHAM VERBAND EINE INNIGE FREUNDSCHAFT MIT DEM LOKALEN SULTAN.

DIE ERSTEN ENTDECKUNGSREISEN

1822 begrüßte die Stadt Mursuk, in der sich inzwischen immer mehr merkwürdige Fremde aufhielten, vier Engländer: Clapperton, Hillman, Oudney und Denham. Mit „Engländer, Engländer!" Hochrufen wurde die Gruppe empfangen, als sie die Oase im Fessan erreichte. Nachdem die vier einige Schwierigkeiten überwunden hatten, schlossen sie sich arabischen Kaufleuten an. Sie folgten der „Knochenstraße", jener Karawanenroute, die die Skelette unzähliger Sklaven säumten, die Opfer der entbehrungsreichen Reise geworden waren.

Die vier Engländer trafen als erste Europäer auf die Tubu, die Bewohner des Tibesti. Die Tubu waren unverdorben, friedlich, einfach und freundlich. In Bilma, einer bedeutenden Zwischenstation, begrüßten die Frauen die Karawane mit eleganten Tänzen, begleitet von der Musik einer mit einem Ziegenfell bespannten Kalebasse. Hinter Bilma erwarteten die Reisenden zehn endlose Tage in der Gluthitze der Wüste. Nachdem sie jedoch die Grenze von Bornu passiert hatten, sahen sie in der Ferne etwas, das sie zunächst für ein Trugbild hielten. Tatsächlich waren es die endlosen Wasser des Tschadsees, gesäumt von dichtem Schilf und Akazien, bevölkert von Elefanten, Büffeln, Nilpferden, Krokodilen, Antilopen und tausenden von Gazellen, die durch ein Dickicht aus Tamarinden und Johannisbrotbäumen streiften. Ein wahrer Garden Eden. Bald kamen Frauen, die auf ihren Köpfen Körbe mit Honig, Früchten und Wildbret balancierten. Die schwarzen Sultane Bornus, Bagirmis, Wadais und Haussas erinnerten die Engländer an die Artusritter in ihren Kettenpanzern. Sie sahen Ulanen mit gepolsterten Wämsern und Fahnenträger, die lange Standarten aus roter Seide entrollten, verziert mit Koranversen.

Die Herrscher gewährten Audienzen, umrahmt vom Klang der Trompeten, die Höflinge putzten sich mit künstlichen Bäuchen heraus und hielten Bankette ab, bei denen 70 verschiedene Speisen aufgetragen wurden. Unglücklicherweise war das Klima tödlich und Oudney wurde dahingerafft. Im August 1824 machten sich die drei Überlebenden erneut auf den Weg durch die Wüste. Sie erreichten Tripolis im Januar des darauf folgenden Jahres.

36 DER FRANZOSE RENÉ CAILLÉ WAR DER ERSTE WEISSE, DER DAS LEGENDÄRE TIMBUKTU ERREICHTE UND LEBEND VERLIESS, UM DARÜBER ZU BERICHTEN. DIE DARSTELLUNG DER STADT (LINKS) UND DES FRANZOSEN (RECHTS) IST IMAGINÄR. IN WIRKLICHKEIT REISTE CAILLÉ VERKLEIDET ALS ÄGYPTER, SORGSAM DARAUF BEDACHT, SICH NICHT ALS EUROPÄER ZU VERRATEN.

37 OBEN DAS WEITGEHEND DEM VERFALL PREISGEGEBENE TIMBUKTU WAR EINE UNBESCHREIBLICHE ENTTÄUSCHUNG FÜR CAILLÉ, DER IN DEN ERBÄRMLICHEN ÜBERRESTEN NUR NOCH DEN LÄNGST VERBLASSTEN GLANZ DER STADT ERBLICKTE.

37 UNTEN VERKLEIDET ALS ÄGYPTISCHER FLÜCHTLING WANDERTE CAILLÉ DURCH TIMBUKTU UND FERTIGTE FLACHRELIEFS VON DEN BEDEUTENDEN GEBÄUDEN DER STADT AN, WIE ZUM BEISPIEL VON DIESER MOSCHEE.

Zu dieser Zeit gelang es endlich einem Mann, in das unzugängliche Timbuktu vorzudringen. Major Alexander Gordon Laing brach von Tripolis auf und durchquerte die Sahara diagonal über Gadames, In Salah und die Tanezrouft. Die Azgertuareg waren ihm wohlgesinnt und ihr Scheich begleitete Laing eine Zeit lang. Sie wurden jedoch von rivalisierenden Tuareg aus dem Hoggar angriffen und Laing wurde schwer verwundet. Mehrere Berber pflegten ihn, er genas und konnte am 18. August 1826 die Stadt seiner Träume betreten. Einen Monat später wurde er aus der Stadt gejagt, obwohl man seine Anwesenheit zunächst toleriert hatte. Auf der Rückreise durch die Wüste erdrosselte ihn sein Führer.

Der erste Europäer, der Timbuktu zu Gesicht bekam und überlebte, war der Franzose René Caillé. Mit einem Preis köderte ihn die Geographische Gesellschaft von Paris. Noch mehr reizte ihn jedoch der Nervenkitzel eines Abenteuers. Der bescheidene, intelligente 28-Jährige war Sohn eines Provinzbäckers, der verarmt gestorben war. Der junge Mann lernte ein wenig Arabisch und informierte sich über den Islam. Er gab sich als Ägypter aus und behauptete, als Kind von den Soldaten Napoleons nach Frankreich verschleppt und gezwungen worden zu sein, zu konvertieren, in seinem Herzen sei er jedoch ein Muslim geblieben, der sich nichts sehnlicher wünsche, als in seine Heimat und zu seiner Familie zurückzukehren. Caillé verließ im März 1827 Sierra Leone. Verkleidet als Araber reiste er unter dem Namen Abdallahi und zeigte die nötige Unterwürfigkeit. Sein Ziel hieß Timbuktu. Dort wollte er sich einer Karawane anschließen, die ihn nach Ägypten bringen sollte. Krankheit und Not konnten ihn nicht aufhalten und man nahm ihm die herzergreifende Geschichte ab, die er an jeder Zwischenstation erzählte. Nach einem Jahr mörderischer Reisen erreichte er die große Stadt Djenne am Niger, ein reiches Handelszentrum mit mehr als 10 000 Einwohnern. Hier schiffte er sich auf einer großen Transportpiroge ein, die Waren und Sklaven geladen hatte. Am 20. April 1828 ging er im Flusshafen von Cabra an Land. Von hier aus war Timbuktu in wenigen Stunden zu Fuß zu erreichen. In Begleitung eines Sklavenhändlers ritt er am darauf folgenden Tag in die Stadt. Seine Enttäuschung über den Anblick, der sich ihm bot, sollte in die Geschichte eingehen: zerfallene Hütten, unzählige Bettler, insgesamt nur acht Moscheen und weißlicher Sand so weit das Auge reichte. Es herrschte eine bedrückende Stille, denn es gab keine Bäume und somit auch keine Vögel, und stinkender Rauch verpestete die Luft, denn ohne Holz musste Kameldung als Brennmaterial verwendet werden. „All die Schläfrigkeit, Trägheit und Traurigkeit der Wüsten" schienen die alternde Königin der Sahara verhext zu haben, die nur ein Jahrhundert zuvor 100 000 Menschen eine Heimat bot. Bei Caillés Ankunft lebte nur noch ein Zehntel davon in der Stadt. Nach zwei Wochen hatte Caillé genug von Timbuktu und schloss sich einer Karawane mit 600 Kamelen an, die nach Marokko reiste. Dieser Abschnitt sollte zum schrecklichsten seines Abenteuers werden. Während der Sommermonate waren die Wasserstellen weitgehend ausgetrocknet und die ohnehin zermürbende Strecke wurde zur unerträglichen Tortur. Außerdem behandelten die Mitreisenden den vermeintlichen Abdallahi nicht gerade zuvorkommend, vielleicht weil er ihnen nicht geheuer war. Er wurde misshandelt, erniedrigt und wie ein Sklave behandelt. In Arauan, am südlichen Ende der Wüste, stieß die Karawane auf die abgenagten Knochen des unglücklichen Gordon Laing. Vielleicht sollte dies eine höhnische Ermahnung sein. Endlich jedoch hatte Caillés Odyssee ein Ende. Am 12. August erreichte er Fez und am 7. September Tanger. Dort trat er zerlumpt und völlig entkräftet vor den erstaunten Kommandanten des französischen Flottenstützpunktes. Er erhielt den versprochenen Preis, konnte sich jedoch nicht lange an dem erworbenen Vermögen erfreuen. Geschwächt von den Strapazen, die er erlitten hatte, starb er 1838 im Alter von 40 Jahren. Seine letzten Jahre waren von erbitterten Kontroversen getrübt: Einige beschuldigten ihn des Betrugs, andere behaupteten, er habe sich die Aufzeichnungen Gordon Laings angeeignet.

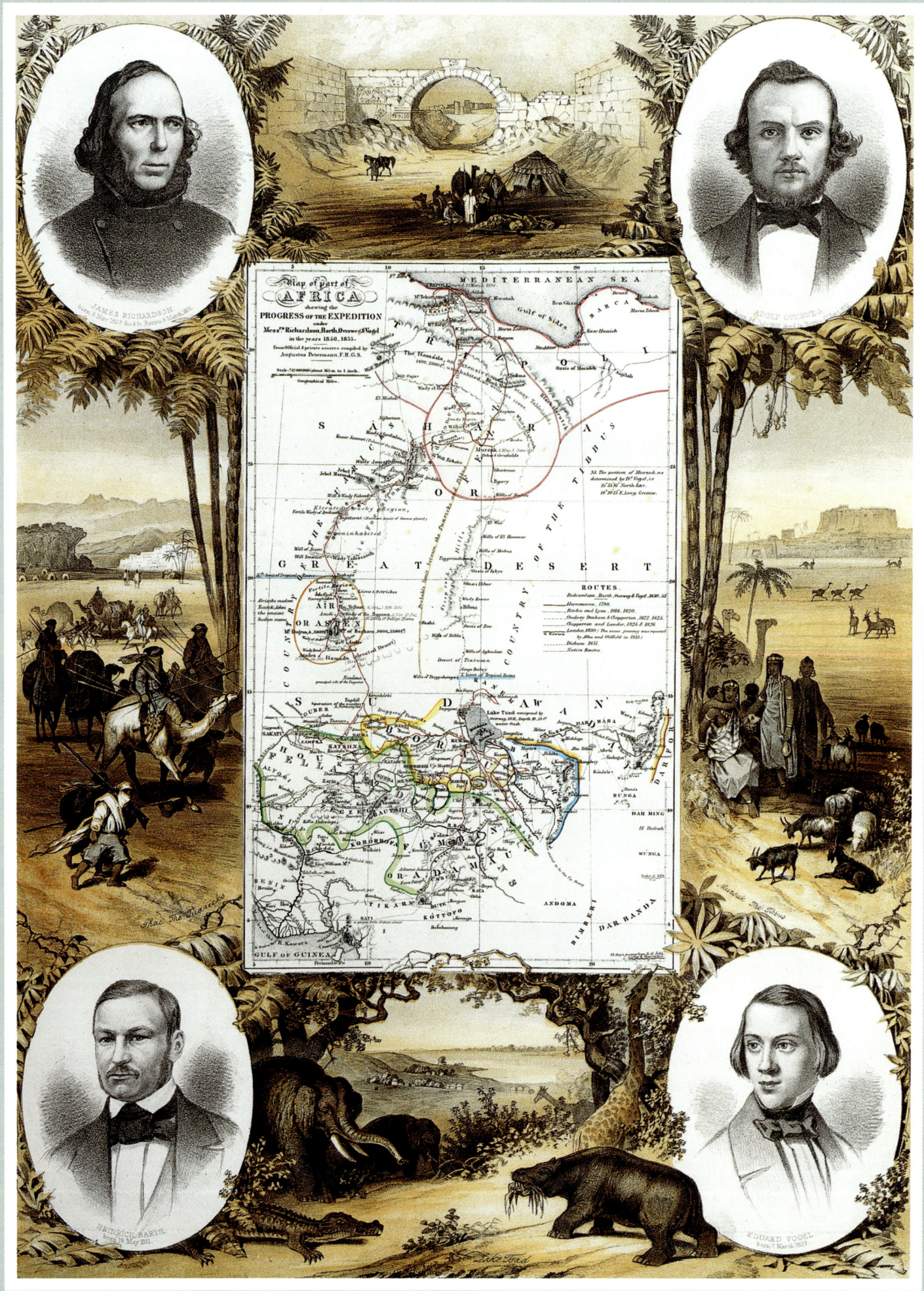

38 1850 organisierte der Engländer James Richardson eine grosse Expedition von Tripolis aus, an der die Deutschen Adolf Overweg und Heinrich Barth teilnahmen. Sie kamen bis Bornu, wo Richardson am Fieber starb. Eduard Vogel, ein weiterer Deutscher, trat 1853 in seine Fussstapfen und bereiste ganz Bornu. Er wurde jedoch drei Jahre später ermordet. Die vier Forscher umrahmen (von oben links im Uhrzeigersinn) auf dieser Darstellung eine Karte Zentralafrikas.

39 25 Jahre nach Caillé versuchte der Philologe Heinrich Barth (links) sein gebrochenes Herz zu heilen, indem er sich aufmachte, Afrika zu erforschen. Er erblickte unter anderem auch Timbuktu (rechts).

Nachdem man das begehrteste Reiseziel der Sahara erreicht hatte, schien die Region eine Pause verdient zu haben. Mehr als 20 Jahre zogen ins Land, bevor die nächste große Reise unternommen wurde. Organisator war der Engländer James Richardson. Er verfolgte nicht nur wissenschaftliche Ziele, sondern auch kommerzielle und humanitäre. Er wollte eine Beziehung zu den Tuareg aufbauen, indem er sie mit Waren versorgte. Im Gegenzug sollten sie den Sklavenhandel aufgeben. Richardson verließ Tripolis 1850. Er wurde von zwei Deutschen begleitet, Adolf Overweg und Heinrich Barth, die den Sprung ins Ungewisse als willkommene Gelegenheit betrachteten, um über eine verlorene Liebe hinwegzukommen.

Verkleidet als Araber und bis an die Zähne bewaffnet, um sich den nötigen Respekt zu verschaffen, reisten die drei in den Fessan. Sie wurden von fünf Dienern begleitet und von etwa 20 Kamelen, die mit jeder erdenklichen Fracht beladen waren, darunter ein Faltboot, das auf dem Tschadsee eingesetzt werden sollte. Vom Fessan aus machten sie sich auf den Weg zur Oase Gat. Dort trafen sie auf die Unterhändler der Tuareg, mit denen sie über die Sklaverei verhandelten.

Außer einem spöttischen Lächeln konnten sie den verschleierten Wüstenherren allerdings nichts abringen. Schließlich wandten sie sich nach Süden, streiften den Hoggar und überquerten die Berge des Aïr, wo eine weitere legendäre Wüstenstadt wartete: Agades. Dies war der letzte Halt entlang der Karawanenstraße von Tripolis, ebenso wie es Timbuktu für die marokkanische Route war. Und ebenso wie Timbuktu war Agades verarmt und entvölkert. Von den einstmals 50 000 Einwohnern waren nur etwa 6 000 übrig geblieben. Überall bot sich Barth der Anblick „verblassten Glanzes … an den Mauern, die zerfallen, an den gierigen Geiern, die nur darauf warten, Abfälle zu ergattern". Nicht weit von Agades starb Richardson an einer Tropenkrankheit. Die beiden Deutschen reisten durch das endlose Sumpfgebiet am Tschadsee, in dem auch Overweg den Tod fand. Allein zurückgelassen gab Barth seinen ursprünglichen Plan auf, an die weit entfernte Küste Ostafrikas zu reisen.

Er wandte sich nach Westen und drang in die noch unerforschten Regionen des zentralen Niger vor.

Im September 1853 erreichte er Timbuktu, das in der Gewalt der Tuareg war. Er gab vor, Araber zu sein, und blieb sechs Monate in der Stadt. Er befand sich in einer heiklen Situation, obwohl er unter dem Schutz eines Scheichs stand, der seine fanatischen Landsleute davon abhielt, dem Deutschen das gleiche Ende zu bereiten wie Gordon Laing, den einige für Barths Vater hielten.

Die meiste Zeit hielt er sich versteckt und die wenigen Male, die er sich zeigte, wurde er von bewaffneten Tuareg eskortiert. Barth hatte jedoch das Glück, in dieser Stadt, die von den islamischen Gelehrten wegen ihrer vielen Bibliotheken gepriesen wurde, ein Schriftstück zu entdecken, das seit langem verloren war: das Manuskript der Tarikh es Sudan (Geschichte des Sudan), das Ahmed Baba 1640 verfasst hatte. Mit diesem wertvollen Schatz machte er sich auf den Weg nach Gao, einer weiteren Metropole mit verfallenen Moscheen und unzähligen baufälligen Hütten, dem Untergang geweiht.

Im Dezember 1854 kehrte Barth an den Tschadsee zurück. In Kuka traf er überraschend einen Landsmann, den Wissenschaftler Eduard Vogel, der hier Forschungen anstellte. Im Herbst 1855, als Barth sich auf dem Rückweg nach Tripolis befand, betrat Vogel das bis dahin unbekannte Wadai. Im Februar 1856 beging er den Fehler, dort einen heiligen Berg zu erklimmen. Darauf stand die Todesstrafe.

Nach seiner Ankunft in England veröffentlichte Barth 1859 eine vollständige Beschreibung seines Abenteuers mit dem Titel *Travels and Discoveries in North and Central Africa*. Das Werk umfasste fünf dicke Bände, eine Art epische Enzyklopädie.

40 DER KHEDIVE VON ÄGYPTEN UNTERSTÜTZTE ROHLFS' EXPEDITION DURCH DIE LIBYSCHE WÜSTE, DAMIT DIESER DIE MÖGLICHKEIT PRÜFEN KONNTE, DIE WASSER DES NIL ZU DEN OASEN DER SAHARA ZU BRINGEN.

41 OBEN DIESE AUFNAHME WURDE IN DAKHLA GEMACHT, DAS DIE EXPEDITION ROHLFS' IM JANUAR 1874 ERREICHTE. DAS FOTO ZEIGT GERHARD ROHLFS MIT SEINEN BEIDEN REISEBEGLEITERN.

41 UNTEN LINKS IM MÄRZ 1874 ERREICHTE ROHLFS DIE OASE KHARGA IN ÄGYPTEN.

41 UNTEN RECHTS DIESES FOTO VON DER NEUEN MUSLIMISCHEN NEKROPOLE IN ASSIUT (ÄGYPTEN) STAMMT VON PHILIPPE REMELÉ, DEM FOTOGRAFEN DER ROHLFS' EXPEDITION BEGLEITETE.

Der 19-jährige Henri Duveyrier, ein junger französischer Adliger, war von den Büchern begeistert und traf sich mit dem Autor. Er war der Wüste bereits verfallen, deren nördliches Ende er als Jugendlicher mit seinem Vater, ausgehend von Algier, bereist hatte. 1830 hatten die Franzosen die algerische Küste besetzt. Im Verlauf von etwa 20 Jahren drangen sie immer weiter nach Süden vor, über das Atlasgebirge hinaus, und organisierten Forschungsreisen zu den Oasen der Sahara. 1859 bereiste Duveyrier zunächst die Oasenregion Mzab und die Stadt El Golea, die noch nie zuvor ein Europäer besucht hatte. Von dort musste er jedoch fliehen. Unterwegs ernährte er sich ausschließlich von Eidechsen, da ihm die Eingeborenen jegliche Nahrung verweigerten.

1860 wurde Duveyrier zu einer offiziellen Mission berufen, die Kaiser Napoleon III. am Herzen lag. Der Auftrag lautete: Erkunden Sie den tunesischen und den tripolitanischen Süden, um zu beweisen, wie wichtig diese Handelsrouten sind! Duveyrier war vielen Gefahren ausgesetzt. Er musste stets damit rechnen, beraubt, vergiftet oder gesteinigt zu werden oder zu verdursten. Es gelang ihm jedoch, von den Azgertuareg empfangen zu werden und mit einem ihrer Scheichs Freundschaft zu schließen, der einst Gordon Laing geholfen hatte und auf Englisch bis zehn zählen konnte. Dieser „wunderbare und majestätische" alte Mann half ihm, die Oase von Gadames zu erreichen, einer Stadt umgeben von Dattelpalmen und Mauern mit weißen Häusern, die sich eng aneinander drängten zum Schutz vor den sengenden Strahlen der Sonne.

Hier lernte der Franzose im Schatten des Dickichts Schrift und Sprache der Tuareg, deren Lebensstil er bewunderte. „Mit ihren Waffen, von denen verzierte Lederstreifen hängen, mit ihrer ausgefallenen Kleidung und ihrer Unbeweglichkeit auf dem imposanten Tier mit seinem langsamen und gleichmäßigen Gang, haben sie etwas an sich, das mich an die Zeiten der Ritter ohne Furcht und Tadel erinnert. Und wahrhaftig, die Tuareg haben etwas Ritterliches an sich, das ich mag."

Duveyrier riskierte ein weiteres Mal sein Leben, als er Gat besuchte, dessen arabische Bewohner ihn davonjagten. Anschließend brach er in den Fessan auf. Man erlaubte ihm nicht, durch den Hoggar zu reisen, und er kehrte in seine Heimat zurück, gezeichnet von den Strapazen seiner Reise.

Duveyrier war erst 21 Jahre alt, doch seine Karriere als Entdecker war bereits beendet. Er erwies sich jedoch als begnadeter Autor. 1865 veröffentlichte er sein Buch Les Touaregs du Nord, das ein Meilenstein der Ethnographie der Sahara werden sollte. Mit diesem Werk entstand eine neue Legende um die verschleierten Tuareg.

Der Mythos ist noch heute lebendig und wurde in Romanen und Filmen immer wieder neu belebt.

Französisch-Algerien war Ausgangspunkt für einen weiteren großen Entdecker der Sahara, den Deutschen Gerhard Rohlfs. Er hatte sich von der Fremdenlegion anwerben lassen und beschlossen, sein Glück im Innersten des Schwarzen Kontinents zu suchen, vielleicht in Timbuktu, dessen Ruhm offensichtlich noch nicht ganz verblasst war. 1861 brach Rohlfs nach Tanger auf und verbrachte einige Zeit in Marokko. Er lernte Arabisch und gab vor, ein Muslim zu sein. Ein Jahr später zog er in die Sahara, passierte das Wadi Draa und erreichte die Oase von Tafilalet. Hier verdächtigte man ihn als Spion. Seine Führer überfielen ihn und ließen ihn sterbend zurück. Zwei Marabut retteten und pflegten ihn und er begab sich wieder nach Algerien.

1864 kehrte Rohlfs zu seinen Rettern zurück, mit deren Hilfe er in das unerforschte Touat eindrang. Er konnte den Hoggar nicht durchqueren, da Krieg zwischen den Tuaregstämmen herrschte. Also reiste er über Gadames nach Tripolis. Schließlich wandte er sich wieder der Wüste zu, durchquerte den Fessan und erreichte Bornu. Er folgte dem Benue, bis dieser in den Niger mündete. Von dort reiste er an die Küste von Lagos, wo ihn ein Schiff zurück nach Europa brachte. Im darauf folgenden Jahr reiste Rohlfs nach Ägypten. Er begleitete eine englische Expedition nach Äthiopien und besuchte die Oase Siwa. 1879 war er der Erste, der das Geheimnis einer weiteren verbotenen Stadt in der Sahara lüftete: Kufra, Hauptsitz des geistlichen Ordens der Senussi.

42 Der Deutsche Gustav Nachtigal war von
den legendären Felsen des Tibesti fasziniert und
von den prähistorischen Gravierungen, die das
„Dach der Sahara" zieren. Die Stiche auf diesen
beiden Seiten stammen aus Sahará und Súdán,
dem Tagebuch der Reiseabenteuer Nachtigals.

42–43 Nach seiner Reise durch die Wüste wird
Nachtigal von Omar, dem Sultan von Bornu,
herzlich empfangen.

43 LINKS AUF NACHTIGALS REISE ENTFACHTE DER WIND TOBENDE SANDSTÜRME, DIE DÜNEN SCHUFEN SO HOCH WIE KLEINE BERGE. AM FUSSE DIESER DÜNEN KAMPIERTE DIE KARAWANE.

43 RECHTS NACHTIGAL GAB SICH FÜR GEWÖHNLICH ALS MUSLIM AUS UND KLEIDETE SICH WIE DIE FORSCHER VOR IHM IN ORIENTALISCHE GEWÄNDER.

Ein anderer Deutscher, Gustav Nachtigal, bereiste ebenfalls unerforschte Gebiete. Der Armeearzt war nach Tunesien gekommen, in der Hoffnung, das heiße Klima würde Afrikas seine Tuberkulose kurieren. 1868 traf er in Tunesien seinen Landsmann Rohlfs. König Wilhelm I. von Preußen hatte Rohlfs auserkoren, Sultan Omar von Bornu Geschenke zu überbringen und dem Herrscher seinen Dank für die Unterstützung zu übermitteln, die dieser den deutschen Entdeckern entgegenbrachte. Nachtigal, der inzwischen genesen war, lernte Arabisch und erlag der gefährlichen Verlockung der Wüste. Er bot an, den Auftrag zu übernehmen, und verließ Tripolis im Februar 1869. Begleitet wurde er von Giuseppe Valpreda, einem italienischen Bäcker, Koch und Mechaniker, der in Afrika sein Glück suchte. Nachdem die beiden Reisenden den gastfreundlichen Fessan verlassen hatten, erreichten sie Tummo. Dort waren sie zu einem längeren Aufenthalt gezwungen, da sie auf eine Karawane warten mussten, der sie sich anschließen konnten, um den menschenfeindlichsten Teil der Wüste zu durchqueren. Nachtigal nutzte die Zeit und wandte sich nach Osten, um das Tibesti zu erforschen, das „Dach der Sahara", auf dessen vulkanische Gipfel noch kein Europäer einen Fuß gesetzt hatte. Er fand sich in einer verzauberten Welt wieder, die er beschrieb als „riesige geologische Laune titanischer Architektur mit den unglaublichsten Formationen: Kuppeln, Kathedralen, byzantinische Kirchen, Moscheen, antike Burgen, vermischt mit modernen Bauwerken unterschiedlicher Stile. Hier scheint sich der riesige Rücken eines Kamels zu erheben, dort formen die Felsen eine gigantische Eule; an anderer Stelle thront der Kopf eines Menschen auf einer frei stehenden Säule". Die Felsen dieses märchenhaften Labyrinths trugen hier und dort Zeichnungen von Tieren, die die Sahara nicht mehr bevölkerten – Giraffen, Elefanten und Gazellen. Doch die Tubu, die sich in diesen unwirtlichen Bergen mühsam durchschlugen, waren Nachtigal nicht freundlich gesinnt. Jedes Mal, wenn die jungen Männer der Tubu am Zelt des Deutschen vorbeikamen, spuckten sie davor aus und zeigten damit ihre Verachtung für den christlichen Hund. Schließlich bedrohten sie sogar das Leben des Entdeckers.

Eines Nachts floh Nachtigal mit knapper Not und kehrte zu Fuß nach Mursuk zurück. Im April 1870 nahm er seine Reise wieder auf. Er durchquerte die Wüste und erreichte Kuka, die Hauptstadt von Bornu. Sultan Oman, den seine bewaffneten Leibwächter schützten, empfing Nachtigal herzlich. Der Deutsche legte dem Herrscher die Geschenke zu Füßen, die er aus seiner Heimat mitgebracht hatte: Hinterlader, ein Harmonium und ein lebensgroßes Porträt des Königs von Preußen. Der Sultan fühlte sich geschmeichelt und garantierte den Reisenden seine Gastfreundschaft. Nachtigal genoss diese drei Jahre lang, Valpreda den Rest seines Lebens – zunächst freiwillig, später widerwillig, da man seine vielseitigen Talente erkannt hatte und ihn nicht mehr gehen ließ.

Nachdem Nachtigal Bornu, Kanem und Bagirmi bereist hatte, brach er 1873 nach Wadai auf, dessen Erforschung einige Jahre zuvor seinem Landsmann Vogel das Leben gekostet hatte. Er hatte das Glück, auf einen aufgeschlossenen Souverän zu treffen. König Ali erlaubte ihm, neun Monate in Wadai zu verweilen und das Land und seine Bewohner zu studieren. Anschließend hielt sich der Forscher vier Monate in der Provinz Darfur auf, obgleich er die Menschen für „ungehobelt und arrogant" hielt, und erreichte schließlich den Nil nahe Khartum. Nachtigal kehrte 1875 über Kairo nach Deutschland zurück. Er veröffentlichte seine Reiseabenteuer in Berlin unter dem Titel Sahârâ und Sûdân. Später reiste er als deutscher Generalkonsul von Sansibar wieder nach Afrika. 1884 leitete er die Schutzherrschaft des Deutschen Reiches über Kamerun und Togo ein. 1885 verstarb er an Bord des Schiffs, das ihn in die Heimat zurückbringen sollte.

Ein weiterer Deutscher, der Geologe Oskar Lenz, widerlegte die gängige Meinung, die sich unter europäischen Geographen hartnäckig hielt: Die Sahara sei einst ein See gewesen, der vor Millionen von Jahren austrocknete. 1880 reiste Lenz, verkleidet als türkischer Arzt, mit einer Karawane von Marokko nach Timbuktu. Er führte Messungen durch und stellte Beobachtungen an, die ihn zu dem Schluss führten, dass die Sahara einst zwar von unzähligen Flüssen durchzogen, jedoch niemals vollständig von Wasser bedeckt war. Lenz war der vierte Europäer, der sich in der legendären Stadt aufhielt. Er liebte einen gewissen Komfort und führte nicht nur eine Matratze mit sich, sondern auch jegliche Art von Versorgungsgütern. Er wurde sehr freundlich aufgenommen, was ihn vermutlich dazu ermutigte, die negativen Beobachtungen zu korrigieren, die Caillé und Barth gemacht hatten. Es ließ sich nicht leugnen, dass der Glanz der goldenen Jahre Timbuktus verblasst war und sich der Handel fast ausschließlich auf Straußenfedern und Elfenbein beschränkte, doch noch immer bereisten tausende von Händlern während der Karawanensaison die Stadt. Eine Art Kaufmannsadel, den Lenz mit Venedig verglich, regierte die Stadt. Der Doge wurde hier jedoch djema genannt. Das Umland kontrollierten im Norden die Tuareg und im Süden die Fulah. Die beiden Stämmen rivalisierten miteinander und bekriegten sich, sodass die Gegend ein unsicheres Gebiet war.

Diese Situation, die dem Handel schwer schadete, könnte der Grund für ein Ereignis im Jahr 1885 gewesen sein: eine Reise nach Paris, die ein so genannter Gesandter der Stadt antrat. Der 30-jährige Si El-Hadgi Abd-el Kader, Spross einer der angesehensten lokalen Familien, war selbstbewusst und gebildet. Er stellt sich der französischen Obrigkeit von Saint-Louis im Senegal vor und überbrachte die Botschaft von Scheich El-Kraer-Hadgi, dass die Franzosen willkommen seien, mit Timbuktu Handel zu treiben, falls sie es wünschten. Der Gesandte wurde enthusiastisch empfangen, Grévy, dem Präsidenten der Republik, vorgestellt (der ihn mit seinem langen grauen Bart schwer

beeindruckte) und gemeinsam mit Leutnant Caron zurück in den Senegal geschickt. Der Leutnant sollte mit dem Scheich verhandeln. Es stellte sich jedoch heraus, dass Si El-Hadgi Abd-el Kader in Wirklichkeit keinen Einfluss hatte und die ganze Geschichte nur erfunden hatte, um mithilfe der Franzosen die Macht an sich zu reißen. Caron blieb in Saint-Louis. Der entlarvte Diplomat, der auf Kosten Frankreichs eine wunderbare Reise unternommen hatte, kehrte allein nach Timbuktu zurück und berichtete von den Wundern, die er in Europa gesehen hatte.

Unterdessen waren die Franzosen unerbittlich in die Sahara vorgedrungen und im Jahr 1884 beschloss der Kongress von Berlin, Afrika unter den Kolonialmächten aufzuteilen. Im Süden hatte man den oberen Flusslauf des Niger bereits besetzt. 1887 segelte ein Kanonenboot unter dem Kommando von Leutnant Caron flussabwärts, bis es in Sicht von Cabra kam. Das Boot legte jedoch nicht an, denn in dem Gebiet herrschte Anarchie, geprägt von unaufhörlichen Schlachten zwischen den Tuareg und den Fulah. Im Norden erlitten die Franzosen einen herben Rückschlag: In Tunesien, das seit 1881 französisches Protektorat war, kam es zu einem furchtbaren Massaker an der Mission Flatters.

Um 1875, als die Sahara weder erobert noch vollständig erforscht war, sprach man von einem grandiosen Projekt: der Transsahara-Eisenbahn, die Algerien mit Niger und dem Senegal verbinden sollte. Sie sollte den Karawanenhandel schlucken und mit dem Dampf die Wüste bändigen. Schließlich war es den Vereinigten Staaten bereits 1869 gelungen, über Schienentrassen den Atlantik mit dem Pazifik zu verbinden. Und hatten sie dabei nicht schier unüberwindbare natürliche Hindernisse, wie die Rocky Mountains, bezwungen? Journalisten, Politiker, Träumer und Ingenieure veröffentlichten Artikel, Bücher und Pamphlete, bis sich der Minister für öffentliche Arbeiten der Angelegenheit annahm. Er beauftragte eine Spezialkommission, die nötigen Untersuchungen vor Ort durchzuführen. Zu dieser

44 LINKS OSKAR LENZ, DER VIERTE EUROPÄER, DER TIMBUKTU BESUCHTE, WAR NACHHALTIG BEEINDRUCKT VON DER GASTFREUNDLICHEN UND LEBENDIGEN HANDELSSTADT.

44 MITTE AUF DER BERLINER AFRIKAKONFERENZ (1884/1885) UNTER DER LEITUNG BISMARCKS SPRACHEN DIE KOLONIALMÄCHTE DIE GESAMTE SAHARA FRANKREICH ZU.

44 RECHTS 1881 BEGINGEN DIE HOGGARTUAREG DAS MASSAKER AN DER MISSION FLATTERS. DAMIT KAMEN DIE EXPEDITIONEN DER FRANZOSEN IN DER SAHARA VORÜBERGEHEND ZUM ERLIEGEN.

45 LINKS UND RECHTS FLATTERS HATTE DEN AUFTRAG, DIE ROUTE FÜR DIE EISENBAHNLINIE ZU UNTERSUCHEN, DIE DAS MITTELMEER MIT DEM GOLF VON GUINEA VERBINDEN SOLLTE.

Kommission gehörte unter anderem Paul Flatters, Oberst eines Ingenieurcorps, der bereits Erfahrungen in der Sahara gesammelt hatte, als er die Garnison Laghuat in Südalgerien befehligte. Im März 1880 verließ er Biskra mit acht weiteren Technikern und Militärangehörigen sowie einer unbewaffneten Eskorte, um den Azgertuareg seine Aufwartung zu machen, deren Führer Freunde von Duveyrier waren. Die Gruppe durchquerte das Gebiet bis zum nördlichsten Rand des Tassili, kehrte dann jedoch zurück, ohne ihr Vorhaben abgeschlossen zu haben, vielleicht weil der Tuaregführer nicht zur vereinbarten Zeit erschienen war.

Ende des Jahres brach Flatters erneut auf. Dieses Mal folgte er einem westlicheren Kurs, der ihn in das Herz des Hoggar führte. Die Anführer der hier lebenden Tuareg begegneten seiner Bitte um freie Passage mit Misstrauen und Feindseligkeit. Inzwischen hatte sich das Gerücht herumgesprochen, dass die Franzosen eine Eisenbahntrasse durch die Sahara legen wollten. Dies würde für die einheimische Bevölkerung Unterdrückung, vielleicht sogar den Untergang bedeuten. Flatters schlug alle Warnungen in den Wind und machte sich mit elf Technikern sowie etwa 100 Meharireitern des algerischen Regiments, verkleidet als Kameltreiber, auf den Weg in die Sahara.

Sein letzter Brief, der in Egere aufgegeben worden war, kam Ende Januar 1881 an. Dann trafen zwei Monate lang keine Neuigkeiten mehr ein. Am 28. März schleppten sich etwa 20 völlig erschöpfte Männer zu den Toren von Wargla in der algerischen Sahara. Sie waren die einzigen Überlebenden der Mission. Flatters und seine Männer waren im Schott von Amadghor (Hoggar) angegriffen und niedergestreckt worden. Etwa 30 Tuareg, die behaupteten, von ihren Herrschern als Führer

geschickt worden zu sein, hatten die Männer in einen Hinterhalt gelockt. Jene, die nicht sofort tot waren, erwartete ein trauriges Schicksal: zu Fuß durch die Wüste, ohne Essen und Trinken. Sie fielen den Tuareg zum Opfer, die ihnen in der Nähe eines Brunnens auflauerten. Dieses Mal gaben sie sich als Freunde aus und boten den Erschöpften vergiftete Datteln an. Einige Überlebende wurden verrückt und fast alle verzehrten ihre toten Begleiter, um zu überleben.

Die Tragödie markierte das Ende der Transsahara-Eisenbahn und brachte für etwa 20 Jahre jegliche militärische Expansion zum Erliegen. Vor allem aber hauchte sie einem neuen Mythos der Wüste Leben ein. Jahrelang hielten sich die wildesten Geschichten. Man erzählte zum Beispiel, dass Überlebende von den Tuareg gefangen genommen worden seien, und Flatters selbst wollte man 1895 im Hoggar gesehen haben. Hartnäckig hielt sich das Gerücht, er sei nun einer der verschleierten Männer, habe geheiratet und eine Adoptivtochter …

Indirekt forderte das Massaker an der Mission Flatters ein weiteres Opfer. Jene, die davon geträumt hatten, die Tuareg in Streckenarbeiter zu verwandeln, beschuldigten Duveyrier ein turbantragender, karolinischer Paladin zu sein. Erschüttert vom verfrühten Tod seiner Verlobten und erbittert über die Kontroverse um seine Person beging der untadelige Entdecker im Jahr 1892 Selbstmord.

DIE FRANZOSEN IN TIMBUKTU

Ein furchtbares Abenteuer nahe der Atlantikküste wartete auf einen weiteren Wüstenfreund, einen jungen Franzosen, der Caillés Unternehmung nacheifern wollte. Camille Douls war 22 Jahre alt, als er den Plan fasste, eines der noch unberührten Gebiete des Maghreb zu erkunden: Sousse am Golf von Hammamet. Er war beschnitten und beherrschte die arabische Sprache gut. Douls wählte, verkleidet als algerischer Kaufmann, die beschwerlichste Route und strandete an der unwirtlichen Atlantikküste gegenüber den Kanarischen Inseln.

Als er seine Geschichte den Berbern erzählte, die er unterwegs traf, hielten sie ihm misstrauisch entgegen, dass wahre Muslime auf dem Landweg reisten, nur Christen wählten den Seeweg. Sie überwältigten, beraubten und schlugen ihn und brachten ihn in ihr Lager. Dort hielt ihr Anführer Ibrahim sie davon ab, dem Gefangenen die Kehle durchzuschneiden, da er ihn als Sklave verkaufen wollte. Douls behauptete weiterhin, Muslim zu sein, und hoffte, die Freundschaft Ibrahims zu gewinnen, wenn er ihm den Platz an der Küste zeigte, an dem er sein Hab und Gut versteckt hatte.

Man legte ihn in Ketten und band ihn auf ein Kamel, damit er nicht fliehen konnte. Während sich Ibrahim und einige andere einem Freudentanz hingaben, nachdem sie die Kisten Douls' geöffnet hatten, begruben die grausameren Mitglieder des Stammes den Unglückseligen bis zum Hals im Sand und überließen ihn seinem Schicksal. Den Krug mit Wasser, den sie ihm höhnisch hinstellten, konnte er nicht erreichen. Glücklicherweise fand Ibrahim den Franzosen rechtzeitig und der besaß so viel Verstand, dem Stammesherrn zu danken, indem er das muslimische Totengebet rezitierte. Damit überzeugte er selbst die misstrauischsten Stammesangehörigen, dass sie einem Glaubensbruder Unrecht getan hatten. Um jedoch ganz sicherzugehen, wurde Douls nach der Rückkehr in das Lager einer Prüfung unterzogen. Der Emir Ma el-Ainin („Wasser in den Augen"), ein heiliger Mann, prüfte seine Korankenntnisse eingehend.

Nachdem Douls letztendlich das Vertrauen der Berber gewonnen hatte, blieb er fünf Monate bei ihnen und nahm an ihrem Alltag teil. Hierzu gehörten auch Raubzüge gegen andere Stämme, die stets ein blutiges Ende nahmen. Als Ibrahim jedoch beschloss, den Franzosen mit seiner lieblichen Tochter Eliaziz zu vermählen, sah Douls die Zeit gekommen, zu fliehen.

Er erklärte seinem zukünftigen Schwiegervater, dass er die traditionelle Mitgift nicht aufbringen könne, da er ausgeraubt worden sei. In Agier habe er jedoch große Reichtümer. Wenn ihn jemand nach Marokko geleiten würde, könne er mit Geschenken zurückkehren, die seiner Braut würdig seien.

46 LINKS Die Felswüste war ebenso undurchdringlich wie die Sandwüste, wie diese Aufnahme vom Östlichen Grossen Erg belegt. 1897 mussten sich die Pferde und Dromedare der Expedition von Fernand Foureau dieser Herausforderung stellen.

46 RECHTS Der Forscher Fernand Foureau und sein Team wurden von Einheimischen zu Kameltreibern ausgebildet, sodass sie sich gegen die Meharireiter der Tuareg behaupten konnten.

47 **LINKS** 1893 FIEL TIMBUKTU AN DIE FRANZOSEN. EINE KLEINE GRUPPE SEELEUTE, DIE IN FALTBOOTEN AUF DEM NIGER GEREIST WAR, BESETZTE DIE STADT.

47 **RECHTS** DIE FRANZOSEN GRIFFEN DIE TUAREG AN, DIE DAS GEBIET UM TIMBUKTU KONTROLLIERTEN, UND VERSPRENGTEN SIE IN DIE WÜSTE.

Als der Bräutigam sich auf die Reise machte, brach seine wunderschöne Verlobte in Tränen aus, doch Douls frohlockte insgeheim, als er das Kamel bestieg, das Ibrahim ihm zur Verfügung gestellt hatte. Nach vielen Schicksalsschlägen erreichte er Marrakesch und entdeckte eine Gruppe englischer Diplomaten. Er offenbarte sich ihnen und erfuhr, dass man ihn in Frankreich für tot hielt. Seine schrecklichen Erfahrungen bremsten Douls' Abenteuerlust nicht. Zwei Jahre später brach er nach Timbuktu auf. Er folgte einer ungewöhnlichen Reiseroute und verließ Sues mit einer Pilgerkarawane, die aus Mekka heimkehrt. 1889 wurde er, nachdem er in das Herz der Sahara vorgestoßen war, von seinen Tuaregführern erdrosselt, als er ein Nickerchen hielt.

Inzwischen trafen die Diplomaten letzte Vorkehrungen hinsichtlich der Aufteilung des afrikanischen Kontinents. Am 5. August 1890 trafen Frankreich und Großbritannien ein Abkommen bezüglich der Grenzen ihrer jeweiligen Besitzungen. Damit hatten die Franzosen freie Hand in der westlichen Sahara. Die Briten betrachteten die Vereinbarung als Danaergeschenk: „Damit findet das französische Hähnchen etwas, worauf es scharren kann", sagte Lord Salisbury und verlieh damit seiner Hoffnung Ausdruck, dass seine Rivalen bei dem Versuch, das endlose Territorium unter ihre Kontrolle zu bringen, in lang anhaltende, kostspielige Kolonialkampagnen verstrickt würden. Tatsächlich hatten jedoch die Franzosen die Lektion gelernt, die ihnen die tragische Mission Flatters erteilt hatte, und sie gingen äußerst behutsam vor. 1891 besetzte bereits ein Trupp algerischer Infanteristen die Oase El Golea. Bevor man jedoch weitere Schritte unternahm, entsandte man kleinere wissenschaftliche Expeditionen. Sie sollten das Land auskundschaften und die lokalen Herrscher diplomatisch auf die Annexion vorbereiten.

Im Oktober 1890 verließen Hauptmann Monteil und sein Berater Badaire Saint-Louis. Mit zwölf senegalesischen Soldaten (vier weitere waren desertiert) erreichten sie als Erste den Tschadsee aus westlicher Richtung. Sie durchquerten Bornu und im Hochsommer die Sahara von Süd nach Nord bis in den Fessan. Im Dezember 1892 erreichten sie schließlich Tripolis.

Fernand Foureau, ein Anhänger Duveyriers, war als Kolonisator in die algerische Sahara gekommen. Er bereiste die Wüste in jede Richtung. Innerhalb von 15 Jahren legte er etwa 21 000 km zurück, wobei er sich gut die Hälfte der Strecke in unerforschtem Gebiet aufhielt. Seine vielen Kontakte mit den Tuareg überzeugten ihn, dass diese verschleierten Menschen kein allzu großes Problem darstellten. Eine gut bewaffnete Kolonne würde sie problemlos unterwerfen können.

Den ersten Beweis dafür, dass diese Einschätzung richtig war, lieferte die Inbesitznahme Timbuktus, das eine Zeit lang von den Wüstenherren kontrolliert wurde. Als Frankreich 1893 Djenne besetzten, die große Handelsstadt am Niger, drängten die Kaufleute der Stadt die Franzosen, eine Offensive gegen Timbuktu einzuleiten. Dieser Hafen aus Sand war das notwendige, unverzichtbare Anhängsel Djennes, seine Hauptader in die Sahara. Zwei Kolonnen französischer Infanteristen brachen auf. Sie marschierten an beiden Ufern des breiten Flusses entlang, während eine Flottille aus Barkassen und Leichtern der Strömung folgte. In diesem Jahr war die Strömung außergewöhnlich reißend, denn die Regenzeit war besonders heftig. Die 19 Seeleute erreichten den Hafen von Cabra lange vor der Infanterie und stellten fest, dass das Hochwasser den antiken Kanal schiffbar gemacht hatte, der Cabra mit Timbuktu verband. Mutig folgten sie dem Kanal, überraschten die Stadt bei Tagesanbruch, rückten ein und befestigten sie. Die Kaufleute begrüßten die Eindringlinge freudig und hoffnungsvoll. Sie waren der Tyrannei der Tuareg leid, jener Plünderer, die Timbuktu belagerten, indem sie um die Stadtmauern Hinterhalte errichteten. Die Ankunft der französischen Truppen am 12. Februar 1894 befreite Timbuktu von diesem Joch. Oberst Joffre, zukünftiger Marschall im Ersten Weltkrieg, nahm die legendäre Stadt im Namen der Republik Frankreich in Besitz und besiegte die Tuareg mühelos.

Ende Juli 1899 besetzten die Franzosen Agades, unterwarfen den Sultan und hissten die französische Trikolore über dem Palast. Auf dem letzten Streckenabschnitt verlor die Kolonne jedoch unzählige Männer, denn die Führer hatten versehentlich oder bewusst den falschen Weg gewählt. Die Überlebenden waren gezwungen, nach Agades zurückzukehren.

Erst im November erreichten die Soldaten Zinder. Dort erfuhren sie, dass ihre Landsleute, die vom Niger aufgebrochen waren, die Stadt wenige Tage zuvor passiert hatten. Am 21. Januar 1900 erreichten sie den Tschadsee und im April waren die drei Kolonnen vereint. Kurz darauf griffen sie Kusseri an, die Hauptstadt von Rabahs Reich. Bei dem Gefecht starben der Sultan und Kommandeur Lamy.

Die Franzosen hatten nun zwei starke Basen im Norden und Süden der Sahara, die mittleren Regionen waren jedoch noch weitgehend unberührt und die Souveränität über dieses endlose Meer aus Sand zu erlangen, war reine Theorie. Etwa zu dieser Zeit formierten sich Kompanien von Meharireitern, Eingeborene, die die Wüste genau kannten und unter europäischem Kommando standen. Die Truppen wurden intensiv auf ihren Einsatz in der Sahara vorbereitet. Sie unternahmen Raubzüge fernab ihrer Basen und besetzten nach und nach die wichtigsten Oasen.

Im Jahr 1898 organisierte Frankreich eine folgenreiche Expedition in Französisch-Afrika. Drei Kolonnen näherten sich dem Tschad in der Absicht, die Herrschaft des schwarzen Sultans Rabah auszulöschen. Der ehemalige Sklave hatte die Kontrolle über ein weitläufiges Territorium im Zentrum des Kontinents an sich gebracht und widersetzte sich verzweifelt der europäischen Expansion. Am 23. Oktober 1898 brach eine Kolonne vom Niger auf, eine weitere startete aus dem Kongo und die dritte und bedeutendste machte sich von Wargla im südlichen Algerien auf den Weg. Die Anführer dieses Trupps waren Foureau, ein Saharaexperte, und Kommandeur Lamy, ein abgebrühter Kriegsveteran. 306 Mann waren unterwegs, Algerier, Bewohner der Sahara und Spahis. Hinzu kamen etwa 80 Führer und Treiber, die für etwa 1000 Kamele verantwortlich waren, die Nahrungsmittel und Munition transportierten.

Die Tuareg wagten es nicht, sich einer solch imposanten und Furcht einflößenden Karawane entgegenzustellen und erlaubten ihr, den Hoggar zu passieren. Anschließend sammelten die Franzosen nahe dem Wadi Inuauen respektvoll die sterblichen Überreste der Teilnehmer der Mission Flatters ein – ein paar ausgebleichte Knochen. Als die Kamele täglich zu Dutzenden starben und die Männer nur noch eine Hand voll Datteln zu essen hatten, erreichten sie den Aïr. Hier mussten sie lange bleiben, denn es mussten neue Packtiere und Proviant besorgt werden. Einige Tuareg nutzten die Gelegenheit zu einem Angriff, der jedoch mühelos zurückgeschlagen wurde.

Zu Beginn des Jahres 1900 nahmen die Franzosen das Plateau von Tademaït und die Oasen von Tidikelt ein und ließen sich anschließend in In Salah nieder, am Fuße des Hoggar, jenes Gebirgsmassivs von der Größe Frankreichs, das die labyrinthische Zitadelle der Tuareg bildete. Obwohl sich die unbeugsamen verschleierten Krieger zunehmend unterdrückt fühlten – oder vielleicht gerade deshalb – stellten sie ihre Feindseligkeiten nicht ein und behielten ihre Gewohnheiten bei. 1902 überfielen und plünderten sie eine große Karawane, die zu den Oasen von Tidikelt reiste. Die Franzosen sahen die Zeit gekommen, den Tuareg eine Lehre zu erteilen. Im März 1902 verließ eine Kolonne von 140 Meharireitern unter dem Kommando von Leutnant Cotterest

48 OBEN LINKS 1900 FIEL DIE TUAREG-ZITADELLE IN SALAH IN DIE HÄNDE FRANZÖSISCHER TRUPPEN.

48 OBEN RECHTS FRANZÖSISCHE TRUPPEN EROBERTEN DAS KURZLEBIGE REICH DES SULTANS RABAH AM TSCHADSEE.

48 UNTEN NATIVE MEHARIREITER WAREN DIE ENTSCHEIDENDE WAFFE, ALS ES UM DIE KONTROLLE EINES RIESIGEN TERRITORIUMS GING, DAS DEN EUROPÄERN WEITGEHEND UNBEKANNT WAR.

49 SCHNELL UND UNGLAUBLICH BEWEGLICH DURCHQUERTEN DIE KOLONNEN DER MEHARIREITER DIE SAHARA IN JEDE RICHTUNG. SIE PASSIERTEN DIE TÖDLICHSTEN, UNWIRTLICHSTEN GEGENDEN UND UNTERJOCHTEN DIE LETZTEN UNBEUGSAMEN BANDEN DER TUAREG.

In Salah und nahm die Verfolgung der Plünderer auf. Die Franzosen folgten der Spur mehr als einen Monat. Als die Tuareg begriffen, dass ihre Feinde nicht kapitulieren würden, führten sie sie in immer unwirtlichere Gebiete, in der Hoffnung, sie würden die Jagd doch noch aufgeben. Falls dieser Plan nicht aufging, müsste man einen Hinterhalt legen. Am 7.

Mai griffen mehrere hundert Tuareg in der Nähe des Dorfes Tit die Meharireiter an, die kaum genug Zeit hatten, sich hinter einer kleinen Anhöhe zu verschanzen. Die Schlacht war typisch für alle Kolonialfeldzüge: Eine überwältigende Zahl Menschen stand einer überwältigenden Technologie gegenüber. Moderne Waffen bezwangen Lanzen, Schwerter und veraltete Schrotflinten. Am Ende der brutalen Schlacht waren etwa 100 Tuareg gefallen, während die Franzosen nur drei Tote und zehn Verwundete zu beklagen hatten. Diese Katastrophe markierte das Ende der Militärmacht der Wüstenherren, deren Gesamtstreitkräfte nur noch 300 Mann umfassten. Einige Anführer kapitulierten sofort und die Franzosen konnten ab diesem Zeitpunkt unbehelligt durch den Hoggar reisen. Viele Stämme weigerten sich jedoch, ihre Unabhängigkeit aufzugeben.

Ab Oktober 1902 durchstreifte eine Kolonne unter dem Kommando von Leutnant Gullo-Lohan den Hoggar und erfasste alle Straßen kartographisch. Im darauf folgenden Jahr bestieg der Leutnant den Ilaman, einen der höchsten Gipfel im Hoggar, ein steiler Vulkankegel von beinahe 3 000 m Höhe.

Ein hoch geschätzter und mutiger Anführer der Hoggartuareg war Mussa ag Amastan. Die Unterwerfung dieses Mannes, der als Kopf der Konföderation der Hoggartuareg galt, war der letzte Streich der Franzosen. 1910 wurde Mussa ag Amastan zur Belohnung für seine Loyalität nach Paris gebracht. Er befand sich in Begleitung einiger verschleierter Krieger, die ihre prächtigsten Gewändern angelegt hatten. Die Pariser waren mindestens ebenso beeindruckt von den Tuareg und ihrer mittelalterlicher Erscheinung, wie es die Tuareg von den Franzosen waren.

Nach ihrer Rückkehr beschrieben die Krieger ihren Landsleuten Frankreich als „großen Garten, in dem Friede herrscht und keiner der tausenden von Menschen, die sich auf der Straße begegnen, denkt daran, den anderen anzugreifen oder auszurauben. Man kann ohne Säbel oder Dolch reisen.". Die Landsleute wollten eigentlich noch wissen, ob es in Europa gutes Weideland für Kamele gäbe, aber Mussa ag Amastan und seine Männer konnten es nicht erwarten, in die Stille der Wüste zurückzukehren.

Im Gegensatz zum Hoggar, der inzwischen vollständig befriedet war, blieben viele unzugängliche Gebiete unabhängig. Im Osten lebten die Azgertuareg mit ihren Ziegenherden. Sie hatten sich in den unwegsamen Bergen des Tassili niedergelassen und forderten die Franzosen mit Überfällen heraus. Unterstützt wurden sie dabei von den Osmanen, die über Tripolitanien und die Cyrenaika herrschten und überzeugt waren, dass die gesamte Zentralsahara bis zum Tschadsee zu ihrem Territorium gehöre. Ein bedeutender englischer Politiker bemerkte jedoch zynisch: „Die koloniale Expansion kann durch nichts aufgehalten werden, außer durch die Anwesenheit einer europäischen Nation oder das Meer." Demgemäß besetzten die Franzosen 1905 Djanet. Sie mussten die Stadt jedoch bald wieder aufgeben, da sie immer wieder von Guerillakämpfern der Tuareg überfallen wurden, die plötzlich angriffen und sich sofort wieder auf sicheres Gebiet in die Oase Gat zurückzogen, einem Territorium der Osmanen.

Weit im Nordwesten der Sahara, im südlichen Marokko, befand sich die letzte Wüstenregion, die nicht von Weißen regiert wurde. Sie bildete die Bühne für zwei faszinierende und relativ unbekannte Ereignisse.

Zwischen Kap Noun und Kap Bojador liegt ein Rechteck aus Sand und Fels, das die Atlantikküste überblickt und in Dokumenten der europäischen Botschaftskanzlei als „unbewohnte Zone der Sahara" beschrieben wird. Hier erschien am 12. Juni 1903 eine Expedition, die in die Geschichte der Sahara eingehen sollte. Die Yacht Frasquita ankerte mit einer 26 Mann starken Crew vor Kap Juby. Der Yachtbesitzer Jacques Lebaudy, ein französischer Zuckerfabrikant, ging mit fünf bewaffneten Männern an Land, nahm es für sich und seine Nachfolger in Besitz und erklärte sich selbst zu Jacques I., Kaiser der Sahara. Bereits einige Tage zuvor hatte er seinen Seeleuten ein Memorandum ausgehändigt, in dem er ihnen mitteilte, dass er künftig ausschließlich mit „Eure Majestät" angesprochen zu werden wünsche. Lebaudy zeichnete eine Skizze in den Sand, die die Grenzen seiner künftigen Hauptstadt Troja umriss. Er ließ zwei Zelte aufstellen, verbrachte die erste Nacht in seinem Kaiserreich und verabschiedete sich am darauf folgenden Tag. Zurück blieben fünf Seeleute mit Nahrungsmitteln für acht Tage. Sie sollten auf die Ankunft eines Fertigpalastes und von Ställen warten, die er aus England angefordert hatte. Der Kaiser hatte erkannt, dass Pferde für die Wüste nicht zäh genug waren und dass Kamele, ein Paradebei-

spiel für Genügsamkeit, zu langsam waren. Deshalb beschloss er, ein neues Wesen zu erschaffen, das die Vorzüge beider Tiere in sich vereinte: Er wollte ein feuriges, reinrassiges Pferd mit einem genügsamen Kamel kreuzen.

Die Frasquita segelte etwa 80 km die Küste entlang und erreichte einen kleinen Strand, den Lebaudy Polis taufte. Hier sollte die zweite Stadt des Kaiserreiches gegründet werden. Die gesamte Mannschaft ging an Land und sah sich plötzlich einer Gruppe Berber gegenüber, die aus den Dünen aufgetaucht war. Die Berber entschieden, die Seeleute nicht zu massakrieren, sondern mit ihnen zu handeln. Sie boten dem Mann, von dem sie nicht wussten, dass er ihr neuer Kaiser war, schwarze Sklaven an. Jacques I. lehnte dankend ab, fragte jedoch nach dem Preis für eine junge Berberfrau. Dies sorgte für einige Aufregung, denn das Mädchen war die Tochter des Anführers. Bevor der Souverän auf sein Schiff zurückkehrte, vergrub er als Zeichen seiner immer währenden Besitzerschaft in feierlichem Ernst eine Dose eingelegten Tunfisch am Strand.

Am 17. Juni erreichte die Frasquita Las Palmas auf Gran Canaria. Man hisste des Kaisers weiße Standarte mit drei goldenen Bienen, einst das napoleonisches Symbol für harte Arbeit und Strebsamkeit. Anschließend machte man sich daran, das Schiff mit Lebensmitteln für Troja zu beladen. Der Kaiser hatte seinen Minister für öffentliche Arbeiten bei sich. Dieser Mann, ein gewisser Baussy, sollte die bedeutenden Arbeiten beaufsichtigen, die geplant waren: ein Befestigungssystem, ein Anlegeplatz, eine Eisenbahnlinie zwischen Troja und Timbuktu und die Suche nach Gold.

Keines dieser Vorhaben wurde verwirklicht. Die Izerguil hatten die zurückgelassenen Seeleute entführt und der caïd, der sich einen prächtigen Burnus aus dem kaiserlichen Zelt fertigen hatte lassen, verlangte 2 000 Franc Lösegeld. Beleidigt kehrte Jacques I. auf die Kanaren zurück. Inzwischen waren jedoch die tatsächlichen Machthaber vom unerwarteten Auftauchen des selbst ernannten Kaisers alarmiert. Mit fadenscheinigen Ausreden widerriefen französische und spanische Rechtsanwälte die Segelerlaubnis für Lebaudy. Man konfiszierte sein Schiff und verkaufte es auf einer Auktion.

Lebaudy reiste in die Niederlande, um seinen Fall dem Internationalen Gerichtshof in Den Haag vorzutragen. Später ließ er sich in London nieder, traf verschiedene Minister, warb Freiwillige an, veröffentlichte das Journal Officiel de l'Empire du Sahara, verschwendete hunderttausende von Francs, trat in Verhandlungen mit Engländern, Osmanen und Marokkanern, führte eine eher undiplomatische

51 LINKS 1903 GING DIE SELTSAMSTE EXPEDITION, DIE JE AFRIKANISCHEN BODEN BERÜHRT HATTE, VON BORD DER YACHT FRASQUITA: DER FRANZÖSISCHE ZUCKERFABRIKANT JACQUES LEBAUDY UND SEINE CREW.

51 RECHTS LEBAUDY LEGTE IM EINZIGEN GEBIET DES KONTINENTS AN, DAS NOCH NICHT UNTER EUROPÄISCHER HERRSCHAFT STAND, UND ERKLÄRTE SICH SELBST ZUM KAISER DER SAHARA.

52 LINKS MICHEL VIEUCHANGE (AUF DEM FOTO IN DER MITTE) MUSSTE SICH ALS ARABISCHE FRAU VERKLEIDEN, UM DIE HEILIGE STADT BETRETEN ZU KÖNNEN.

Korrespondenz mit seinen königlichen „Cousins" und fasste schließlich den Entschluss, sich selbst in eine New Yorker Nervenheilanstalt einweisen zu lassen. Wenige Jahre später entfloh er und beschloss, es den alten peruanischen und ägyptischen Dynastien gleichzutun und seine 14-jährige Tochter zu heiraten. Daraufhin griff seine Frau zum Revolver und erschoss ihn.

Nachdem Lebaudys Traum verblasst war, ereignete sich ein Wunder in seinem Kaiserreich, das die ruhelosen Europäer in seinen Bann zog. 1899 war in der Sahara, im Wadi Saguia el Hamra, eine heilige Stadt gegründet worden. Bereits nach wenige Jahren rankte sich um die Stadt die wundersame Legende von Smara, der Gorgo der Wüste. Sie war das Geistesprodukt des Emirs Ma el-Ainin, jenes heiligen Mannes, der den armen Douls zum Koran befragt hatte. Er hatte es seinem Prestige, seinem guten Ruf und seiner Devotion zu verdanken, dass ihm der Sultan von Marokko alle benötigten Baumaterialien bewilligte. Sand und Gestein waren zudem vor Ort verfügbar. Monatelang brachten Dutzende von xebec Holz und Gips, Steinmetzen und Dekorateure, Lebensmittel und Samen nach Saguia el Hamra. Die berühmten Mosaiken von Mogador (heute Essaouira) trafen auf Maultieren ein. Der angesehenste Baumeister von Marokko reiste an, um die Arbeiten zu beaufsichtigen. Man hob Brunnen aus und legte Dattelhaine an. Die Kasbah, das Schloss des Emirs, umgaben 18 Gebäude. Hohe Tore waren in die Mauern integriert und gewährten den mit riesigen Baldachinen beladenen Kamelen Einlass, die die Frauen von Ma el-Ainin und seine Gefolgsleute trugen. Überall schossen Häuser und Geschäfte aus dem Boden, die den Nomaden Platz boten, die sich in Smara versammelten, um das Wort Gottes zu hören und Sklaven oder gestohlene Waren zu verkaufen.

Aus allen Teilen der Sahara reisten Jünger an. Räuberische Berber kamen, um die Waren zu tauschen, die sie bei ihren Überfällen auf Karawanen erbeutet hatten, und um weitere Angriffe zu planen. Die neu gegründete Stadt wurde rasch zu einem Märchen, aber auch zu einem Albtraum. Für die Europäer, die das Land kaum beherrschen konnten, war Smara mehr als ein Jahrzehnt Sinnbild für die schwer zu fassenden, allgegenwärtigen Wüstengeister. Für die Eingeborenen war die Stadt die Zitadelle des Glaubens und eine Oase des Vergnügens. Ihre Wasser, Gärten, Moscheen, Mosaiken, Frauen,

Waren, Asketen, verschleierten und unverschleierten Krieger bildeten die Vorlage für unzählige Legenden, die sich in der gesamten Sahara verbreiteten. Man erzählte sich, dass Smara in einer einzigen Nacht von Dschinns erbaut worden sei. Die bösen Geister seien mit der Macht Ma el-Ainin gefangen genommen und gezwungen worden, diese heilige Aufgabe zu vollbringen. Andere Geschichten besagten, dass wunderschöne Jungfrauen die mutigsten und glücklichsten Räuber hinter den Mauern der Stadt erwarteten oder dass sich der Simun, wenn Ungläubige der Stadt zu nahe kamen, erheben und sie unter einem Meer aus Sand begraben würde …

Leutnant Mouret, ein junger französischer Beamter, der zu jener Zeit Beauftragter von Mauretanien war, sollte diesem Fantasiegebilde ein Ende machen. Das Massaker, das die Berber im Jahr 1913 an einer seiner Abteilungen veranstalteten, erzürnte ihn so sehr, dass er sich zu einem riskanten Unternehmen hinreißen ließ: Mit 400 Mann durchquerte er 1 000 km gnadenlose Wüste. Nach einem furchtbaren dreiwöchigen.

Marsch erreichte die Expedition Smara. Die Nomaden, die vielleicht dem Simun vertrauten, hatten die Stadt aufgegeben, die langsam zwischen Dünen und Felsen versank. Mouret, der nicht in eine Falle geraten wollte, setzte keinen Fuß in die ihm verhasste Stadt. Er ließ seine Kanonen ausrichten und gab Befehl, Smara dem Erdboden gleichzumachen. Noch heute berichten die Berber, dass das große Smara tagelang brannte. Seine unermesslichen Schätze wurden ein Raub der Flammen und eine Rauchwolke verdunkelte den Himmel vor den Augen der entsetzten Stämme.

52 MITTE UND RECHTS Ahmed Mohamed bey Hassanein (Mitte) begleitete Rosita Forbes (rechts), die erste weisse Frau, die Kufra besuchte.

53 LINKS Der erste Versuch, die Sahara in einem Flugzeug zu überqueren, endete in einer Tragödie: Oberst Joseph Laperrine d'Hautpoul verlor dabei sein Leben.

53 MITTE Joseph Laperrine d'Hautpoul mit seinem Chaamba-Führer. Der Oberst bereiste jede Route der Sahara und verzeichnete Kilometer um Kilometer unerforschten Territoriums.

53 RECHTS Charles Eugène Vicomte de Foucauld liess sich als Einsiedler unter den Tuareg im Hoggar nieder. Bis zu seiner Ermordung 1916 studierte er die Sprache sowie Sitten und Gebräuche der Tuareg.

DIE LETZTEN ABENTEURER

Die Legende der Wüstenhauptstadt überlebte. Bis 1930 war es keinem Europäer gelungen, einen Fuß in die Stadt zu setzen. In jenem Jahr verließ der 25-jährige Michel Vieuchange, verkleidet als Araber, Französisch-Marokko. Er wollte diesen kleinen weißen Punkt erobern, der noch immer auf der Landkarte existierte. Ein Zusammenstoß mit Plünderern zwang ihn jedoch, umzukehren. Vieuchange gab nicht auf. Einige Wochen später machte er sich erneut auf den Weg. Er versteckte sich in einer Tasche, die an einem Kamel befestigt war, und passierte auf diesem Weg ein Lager mit 3000 Zelten, in denen fanatische Nomadenrebellen lebten. Schließlich erreichte er die verbotene Stadt oder genauer gesagt das, was von ihr übrig war. Er schlenderte die Straßen entlang, schoss 150 (verwackelte) Fotos und wiegte

sich nach einem harten Marsch durch die Wüste in Sicherheit. Wenige Tage später wurde er jedoch von der Ruhr dahingerafft.

Erst im Jahr 1936 erhielt der weiße Fleck endlich seine Flagge: Die Spanier besetzten offiziell das, was bis zu diesem Zeitpunkt nur ein nominales Besitztum war. Man gab der Kolonie nach einer alten portugiesischen Karte den Namen Rio de Oro, obwohl weder ein Fluss noch Gold vorhanden war. Bereits 1931 war eine weitere Stadt der Sahara gefallen. Die Italiener hatten Kufra in der Libyschen Wüste, Hauptsitz des islamischen Ordens der Senussi, in Besitz genommen. 1911 hatten sie von den Osmanen bereits Tripolitanien und die Cyrenaika übernommen, der

Arabische Aufstand zwang sie jedoch, ihre Okkupation auf den Küstenbereich zu beschränken. Nach dem Ersten Weltkrieg konnte Italien seinen Vorstoß auf die Oasen im Landesinneren fortsetzen. 1924 erreichten die italienischen Truppen Gadames, 1926 Giarabub, 1929 den Fessan und 1930 Gat. Nachdem sie auch Kufra eingenommen hatten, wurde eine umfassende Kampagne zur Erforschung der Wüste eingeleitet. Ein Jahrzehnt durchkreuzten unzählige Expeditionen die Libysche Wüste, drangen bis in das Tibesti vor und studierten alle Regionen des Landes. Man entdeckte viele prähistorische Felszeichnung, die unerwartete und faszinierende Einblicke in die ferne Vergangenheit der Sahara gewährten.

In den 20er- und 30-Jahren des 20. Jahrhunderts erforschte man die unbekannte Region zwischen dem Nil, dem Tibesti und dem Ennedi. Im Januar 1923 brach Ahmed Mohamed bey Hassanein, ein junger ägyptischer Diplomat, von dem kleinen Hafen in Sollum an der libysch-ägyptischen Grenze auf. Bereits im Winter 1920/1921 hatte er die Engländerin Rosita Forbes, eine abenteuerlustige Reisende, in das noch nicht bezwungene Kufra begleitet. Dieses Mal wollte er möglichst weit nach Süden vordringen, um die unwirtlichen Berge Archenu und Auenat zu erkunden, die nur gelegentlich von Hirten der Tubu besucht wurden, die fernab des Tibesti nach Weideland suchten. Hassanein hoffte, die verlorene Oase Zarzura wieder zu entdecken, über die ägyptische und libysche Nomaden Geschichten erzählten. Er war überzeugt, sie zwischen diesen Gipfeln gefunden zu haben: „Eines Morgens, kurz vor Tagesanbruch, nachdem wir mehrere steile Dünen überquert hatten, sahen wir plötzlich vom Kamm der letzten Düne aus, eine entfernte Gebirgskette mit dem Profil einer antiken herrschaftlichen Burg im Nebel liegen. Wenige Augenblicke später erschien plötzlich die Sonne am Horizont und tauchte diese grauen Berge in ein rosa Licht. Und ich ließ die Karawane vorausgehen, blieb auf der Düne sitzen und betrachtete nachdenklich diese Berge, die

ich bis zu diesem Zeitpunkt für nichtexistente Legenden gehalten hatte, jene Barriere, die sich vor den Tälern der verlorenen Oase erhob."

Ein weiterer Ägypter, Fürst Kemal-el-Din, brach auf, um die verbliebenen Lücken auf der Karte dieser Gebiete zu schließen. Auf mehreren Expeditionen zwischen 1923 und 1929 kartographierte er die einzelnen Regionen sorgfältig. Der ungarische Graf Ladislao Almasy jagte hartnäckig dem Phantom der Oase Zarzura nach. 1933 war er überzeugt, sie gefunden zu haben: in den grünen Wadis von Abd el Melik, zwischen den Bergen von Gilf Kebir, nördlich des Auenat, nahe Kufra. Doch das nicht fassbare Zarzura mit seinen Gärten sollte ein weiterer Traum der Sahara bleiben. Im Ersten Weltkrieg waren die Franzosen gezwungen, einige ihrer Stellungen aufzugeben, da es zu einem Aufstand verschiedener Nomadenstämme kam. Sie waren von den Senussi und den Osmanen, den Verbündeten Deutschlands, zum heiligen Krieg aufgerufen worden. Inzwischen hatten die Franzosen jedoch das riesige Stück der Sahara, das sie erhalten hatten, als der „Kolonialkuchen" aufgeteilt wurde, vollständig erforscht. Im Jahr 1913, bevor der Krieg ausbrach, hatte Hauptmann Cortier den schrecklichsten Teil der Sahara durchquert, die Tanezrouft, „das Land der Angst". Ein 150 km² umfassendes Gebiet aus Sand, ohne Wasserstellen und völlig vegetationslos.

In den 20-er Jahren bereisten Expeditionen unter Hauptmann Augiéras und dem Naturforscher Théodore Monod die Sahara. 1936 war Monod der Erste, der die Tanezrouft an ihrer breitesten Stelle durchquerte. Neben unzähligen wissenschaftlichen Werken schrieb er vermutlich das romantischste Buch über den Zauber der Sahara: Meharée, das 1937 veröffentlicht wurde. Er widmete es „dem Kamel und der Wasserflasche, dem Fahrzeug und dem Kanister, den einzigen Gewinnern in der Wüste".

Tatsächlich sollte zu der Zeit, als Monod dies schrieb, einer dieser Gewinner zu einer neuen Transportmethode werden. Der Dampf hatte die Einöde nicht erobern können und die Transsahara-Eisenbahn gehörte der wissenschaftlichen Illusion des 19. Jahrhunderts an, doch der Verbrennungsmotor sollte zum größten Konkurrenten des Kamels werden. Oberst Joseph Laperrine d'Hautpoul, ein bedeutender Forscher, startete zwischen 1917 und 1919 als Erster den Versuch, die Sahara mit dem Automobil zu durchqueren. Es gelang ihm, die Wüste von Wargla bis zum Hoggar und zurück zu passieren. Die gleiche Heldentat wollte er anschließend mit dem Flugzeug vollbringen. 1920 unternahm er den ersten Versuch, die Sahara zu überfliegen. Das Unternehmen endete tragisch. Am 7. Februar erhoben sich in Biskra fünf Flugzeuge unter seinem Kommando in die Lüfte. Ihr Ziel waren Timbuktu und Dakar. Man unterteilte die Strecke in kleinere Abschnitte entlang der Karawanenwege, da Flugzeuge zu jener Zeit nur eine geringe Reichweite hatten. Als die Abenteurer Tamanrasset erreichten, konnten nur noch zwei der fünf Flugzeuge weiterfliegen. Gemeinsam hoben sie am 20. Februar ab. Der Oberst geriet jedoch in einen Sandsturm, verlor die Peilung und war gezwungen, mitten in der Wüste notzulanden. Das Flugzeug überschlug sich bei der Landung und der Kommandant wurde schwer verletzt. Dennoch versuchte er mit seinen beiden Mechanikern, die Oase Tin Zuaten zu erreichen. Er ging davon aus, dass sie ganz in der Nähe liegen müsse. Tatsächlich war sie jedoch 200 km entfernt. Nach einem Marsch von ca. 30 km beschlossen die erschöpften Männer, zum Flugzeugwrack zurückzukehren und auf Hilfe zu warten. Sie tranken Kühlerwasser und ernährten sich von den wenigen Vorräten, die sie bei sich hatten. Die Tage zogen dahin und ihre Hoffnung schwand. Am 5. März starb Joseph Laperrine d'Hautpoul. Es vergingen weitere neun Tage, bis Meharireiter endlich die halb toten Mechaniker fanden. Man überführte den Leichnam des Kommandanten nach Tamanrasset im Hoggar, den er so sehr geliebt hatte. Seine sterblichen Überreste wurde neben dem Herzen eines weiteren außergewöhnlichen Mannes beigesetzt, der die Sahara ebenso geliebt hatte und ein Freund des Oberst gewesen war: Charles Eugène Vicomte de Foucauld.

Der Kavallerieoffizier war Spross einer einflussreichen französischen Adelsfamilie. Er war zwischen 1883 und 1884, verkleidet als jüdischer Kaufmann, den bisher unerforschten Routen der marokkanischen Sahara gefolgt. Als er seine religiöse Berufung erkannte, verzichtete er auf Rang und Namen und wurde katholischer Priester. Zunächst bereiste er verschiedene Klöster im Nahen Osten. 1905 ließ er sich in Tamanrasset nieder „in der schönsten Einsiedelei der Welt, auf dem Gipfel eines Berges inmitten des Hoggar, umgeben vom märchenhaften Bild der Gipfel und felsigen Bergen". De Foucauld war nicht bestrebt, die Tuareg zu bekehren. Er lebte vielmehr als Einsiedler unter ihnen und studierte ihre Sitten und ihre Sprache. Er genoss die mystische Einsamkeit, die ihn näher zu Gott brachte, in dieser Wüste, die die Araber „Garten Allahs" nannten. Am 1. Dezember 1916 wurde de Foucauld von Rebellen ermordet, die vermuteten, dass er Waffen in seiner Klause verberge. Seine sterblichen Überreste wurden nach Frankreich überführt. Nur sein Herz setzte man in einer kleinen Urne in jener Kapelle bei, die er mit seinen eigenen Händen erbaut hatte.

Die Expeditionen Joseph Laperrine d'Haut-
pouls und anderer Franzosen hatten zwar gezeigt, dass
das Automobil das Kamel ersetzen konnte ("mit ver-
einter Hilfe von Brettern, Schaufeln, Zugtieren und
Kraft", wie ein erschöpfter Fahrer schrieb), es gab jedoch einen entscheidenden Schwachpunkt: die
Reifen.

Man löste das Problem mit Gleisketten. Damit
gelang es Halbkettenfahrzeugen von Citroën, erstmals
die Sahara mit dem Automobil zu durchqueren. Leiter
des Unternehmens war Georges-Marie Haardt,

Generaldirektor von Citroën. Sein Stellvertreter hieß
Louis Audouin-Dubreuil. Am 17. Dezember 1922 ver-
ließen sie Touggourt. Weihnachten feierten sie im
Hoggar und am 10. Januar 1923 erreichten sie
Timbuktu.

Die Hoggartuareg, denen sie begegneten, waren
nicht im geringsten beeindruckt von den Fahrzeugen.
Sie nahmen feierlich Platz für einen kurzen Trip, "als
ob sie dies schon ihr ganzes Leben getan hätten". Sehr
beeindruckt waren sie dagegen vom Maskottchen der
Expedition, einem kleinen Hund, den sie für einen
"Zwergwidder" hielten.

Das Unternehmen hatte
eine neue Ära eingeläutet.
Zwischen 1924 und 1925
durchquerte das gleiche Team
Afrika von Algerien bis Kap-
stadt.

1938 hieß es bereits: "In
diesem Gebiet ist die Sahara
inzwischen ein beliebtes
Reiseziel des Automobil- und
Flugzeugtourismus."

Nachdem die geographi-
sche Erschließung der Sahara
abgeschlossen war, folgte die
kommerzielle.

Es hatte sich gezeigt, dass
die Wüste einen wahren
Schatz an Mineralen barg: Eisen, Kohle, Mangan,
Kupfer, Zinn, Uran, vor allem aber Öl. Seine Entde-
ckung in den 50er-Jahren des 20. Jahrhunderts verwandelte das Antlitz vieler Wüstengebiete und verän-
derte die wirtschaftliche Lage vieler Länder, wie zum
Beispiel Libyens, radikal. Zu jener Zeit wurde der
"Garten Allahs" zu einem Kampfareal für französischen Missiles und für Atomtests, die erst mit der
Unabhängigkeit Algeriens endeten.

54 1930: EINE KOLONNE
HALBKETTENFAHRZEUGE
ERKUNDET EINE STRASSE IN
SÜDALGERIEN. MIT DIESEN
FAHRZEUGEN GELANG ES
ERSTMALS, DIE SAHARA ZU
DURCHQUEREN.

54–55 DIE CITROËN-EXPEDITION
UNTER LEITUNG VON GEORGES-
MARIE HAARDT UND LOUIS
AUDOUIN-DUBREUIL BRACH VON
TOUGGOURT AUF UND ERREICHTE
TIMBUKTU NACH 22 TAGEN. SIE
LEGTE 3500 KM WÜSTE MIT EINER
DURCHSCHNITTSGESCHWINDIGKEIT
VON 45 KM/H ZURÜCK.

56 RECHTS Der enorme Erfolg der Citroën-Expedition kurbelte den Verkauf der Fahrzugmarke an. Dieses Theaterplakat wirbt für eine Dokumentation über die Expedition.

56–57 Zwei Fahrzeuge, die an der denkwürdigen Citroën-Expedition teilnahmen, werden auf einer Fähre über einen Fluss in Oubangi-Chari gebracht. Die Expedition durchquerte den gesamten afrikanischen Kontinent.

56 LINKS Stolz und steif postieren Haard und Audouin-Dubreuil als wahre Eroberer der Sahara vor der Kamera. In Händen halten sie Fernglas und Landkarte, ihr Blick ist auf ihr fernes Ziel gerichtet.

Mit Ausnahme der Erschließung verschiedener Regionen in der zweiten Hälfte des 20. Jahrhunderts war das Schicksal der Sahara kein glückliches. Nach dem Ende der Kolonialzeit wurde die Wüste unter mehreren Nachfolgestaaten der europäischen Mächte aufgeteilt. Die Grenzziehung erfolgte willkürlich, ohne Rücksicht auf die wirtschaftliche Situation der einzelnen Länder, geschweige denn auf die Interessen der Menschen, insbesondere der Nomaden. Diese Grenzziehung ist dafür verantwortlich, dass es immer wieder zu Konflikten kommt, wie jenem zwischen Libyen und dem Tschad um den Besitz des Tibesti oder dem Unabhängigkeitskrieg der Berber in der ehemaligen spanischen Kolonie Rio de Oro. Die wahre Tragödie scheint jedoch die fortschreitende Verödung zu sein, verursacht durch weltweite Klimaveränderungen und eine zu starke Nutzung der Wüstenrandgebiete durch Menschenhand. Es sind bereits mehrere Oasen ausgetrocknet und die Sahara ergreift nach und nach Besitz vom Sahel.

HORIZONTE AUS SAND

58 VON LINKS OBEN NACH RECHTS UNTEN UND 59 MINERALISCHE STREIFEN IN EINEM FELS IM ACACUS (LIBYEN); DAS FELSLABYRINTH IM TADRART ACACUS; OASE IM TSCHAD; GEBEL INDINEN IM ACACUS; DÜNE IN DER LIBYSCHEN WÜSTE.

60 IM VORDERGRUND DIESER SATELLITENAUFNAHME IST DAS ENTLEGENE PLATEAU DES GILF KEBIR ZU ERKENNEN, DAS IN DER ÄGYPTISCHEN WESTLICHEN WÜSTE AN DER GRENZE ZWISCHEN LIBYEN UND DEM SUDAN LIEGT. IM HINTERGRUND SIND DER NIL UND DIE SINAIHALBINSEL ZU SEHEN.

61 OBEN LINKS DIE VULKANISCHEN PFEILER DES TIBESTI ERHEBEN SICH WIE EINE INSEL IN EINEM SEE AUS SAND. MAN ERKENNT DIE LINIEN AUSGETROCKNETER FLUSSBETTEN (ENNERI), DIE MIT DER WÜSTE VERSCHMELZEN UND SICH SCHLIESSLICH VERLIEREN (LINKS).

61 OBEN MITTE DER WOLKENLOSE HIMMEL GEWÄHRT EINEN FREIEN BLICK AUF EIN CHARAKTERISTIKUM DER ALGERISCHEN SAHARA: DIE FOSSILEN FLUSSBETTEN DER WADIS.

61 OBEN RECHTS DIE ÜBERRESTE AUSGEDEHNTER TAFELBERGE MIT ERODIERTEN, ABBRÖCKELNDEN RÄNDERN ERHEBEN SICH INMITTEN EINER EBENEN SANDFLÄCHE, DIE ZUM TEIL MIT DÜNEN BEDECKT IST.

61 UNTEN AUS 400 KM ENTFERNUNG OFFENBART DER TSCHADSEE SEINE ZERKLÜFTETEN, VERSCHWOMMENEN UMRISSE, DIE TEILWEISE VON SAND DURCHZOGEN SIND.

ANATOMIE EINER WÜSTE

Eine unermessliche Weite aus Sand, Gestein und unwirtlichen Ebenen, ein Niemandsland so weit das Auge reicht. Unbarmherzige Temperaturen die zwischen 50 °C im Sommer und unter 10 °C im Winter schwanken. Ein gepeinigtes Land, überrollt von unerbittlichen Winden und Sandstürmen, die ganze Armeen hinwegfegen können. Mysteriöse, kahle Berge und Spuren geologischer Katastrophen, die sich lange vor Menschengedenken ereignet haben. Eine Wüste – die Königin aller Wüsten –, die noch vor wenigen tausend Jahren ein Grasland war und von mächtigen Flüssen und Seen so groß wie das Kaspische Meer bewässert wurde. Die Sahara, das Gegenteil von Leben, wo nur selten Regen fällt und Wasser meist nur eine Fata Morgana ist. Ein Ort der Paradoxa und Wunder, bevölkert von Tieren, die überleben, ohne zu trinken, Heimat von Pflanzen, die an einem Tag erblühen und vergehen, Lebensraum für unterirdisch lebende Fische und Eidechsen, die im Sand schwimmen. Ein verlorenes Paradies, in dem das Überleben zur Kunst wird, eine tägliche Gratwanderung.

Die Sahara ist die größte Wüste der Erde. Sie erstreckt sich von der Atlantikküste bis zum Roten Meer und von der Küste des Mittelmeers bis zur Sudanzone: mehr als 6 000 km in der Länge und etwa 2 000 km in der Breite. Sie ist 26-mal so groß wie Italien und bedeckt ein Viertel des afrikanischen Kontinents. Das weite Gebiet ist vollkommen arid. Die Sahara ist das Königreich der Felsen und der anorganischen Materie, ein riesiges Schlachtfeld, auf dem alles Leben vernichtet wurde. Hunderte und aberhunderte von Kilometern findet man weder Grashalm, Busch noch Baum, der dieser Bezeichnung würdig wäre. Die Sahara ist ein leerer Raum, der dem Reisenden das unbehagliche Gefühl vermittelt, auf einem anderen Planeten zu sein. Dennoch ist diese gewaltige Ausdehnung unfruchtbarer Erde, die man Sahara rennt, alles andere als langweilig und eintönig. Das System Sahara ist wie ein versteinerter Organismus, geschaffen aus völlig verschiedenen Lebensräumen, die sich gegenseitig im Gleichgewicht halten. Senken werden von gigantischen Massiven abgelöst, die bis zu 3 000 m hoch sind. Enorme Sanddünen wechseln sich mit Hammadas, Stein- und Felswüsten ab. Das integrierende Element, das die unterschiedlichen Manifestationen der Wüste eint und verbindet, ist das fossile hydrographische Netzwerk: ein gigantisches Netz aus wasserlosen Flüssen, die das Meer nie wieder erreichen werden, aus ausgetrockneten Seen, angefüllt mit Sedimenten, unter deren trockener Oberfläche sich Wasser verbirgt, ein Geflecht aus fossilem Grundwasser und unterirdischen Rinnsalen.

Das Vorhandensein oder Fehlen von Wasser hat stets die ökonomische Existenz entscheidend beeinflusst, es hat die Handelswege bestimmt und über Art und Qualität menschlicher Niederlassungen entschieden. In Bezug auf die Sahara darf man durchaus von der Geographie des Durstes sprechen. Wenn man einen Blick auf die

62 DER NIGER, FOTOGRAFIERT IN MALI. DER FLUSS HAT NICHT IMMER SO AUSGESEHEN WIE HEUTE. DIE KRÜMMUNG IM NORDEN IST DAS ERGEBNIS EINES UNERBITTLICHEN KAMPFES GEGEN DIE SAHARA. WÄRE SEIN KURS NICHT AUFGRUND GEOLOGISCHER EREIGNISSE UMGELEITET WORDEN, WÄRE DER NIGER VIELLEICHT IN EINEM RIESIGEN BLINDEN DELTA VERSUNKEN, ABSORBIERT VOM SAND.

63 IN DER MITTE DIESES FOTOS IST DER SATELLIT SPARTAN-201 ZU ERKENNEN, DER AUFNAHMEN VOM NILTAL IN ÄGYPTEN MACHT. NEBEN DER SINAIHALBINSEL UND EINEM TEIL DES GOLFS VON SUEZ ERKENNT MAN DIE KATTARASENKE UND DAS RIESIGE HERZFÖRMIGE FAIJUM.

Landkarte wirft, wird man feststellen, wie ausgedehnt, aber vollkommen desorganisiert das Flussnetz ist. Das Tschadbecken nimmt den größten Teil des Tschad ein und reicht von Hoggar und Aïr bis zu den Hängen des Tibesti. Heute ist der Tschadsee nicht tiefer als 7 m. Er wird ausschließlich vom Logone gespeist, der von den Regengebieten Zentralafrikas mit Wasser versorgt wird. Die anderen Zu- und Abflüsse des Tschadsees sind praktisch inaktiv.

Das antike Tal der Ténéré ist nicht wieder zu erkennen. Es wurde Opfer unvorstellbarer Sandmassen. Westlich des Aïr sind die Auswirkungen der Aridität auf das hydrographische System noch sensationeller. Das Azaouaktal, das viele Kilometer breit und beinahe 1600 km lang ist, offenbart, dass hier einst ein gewaltiger Fluss existierte, der sich nahe dem heutigen Niamey mit dem Niger vereinte. Heute ist das Wadi Azaouak zumindest im Norden vollständig von Sand bedeckt und nur anhand von Satellitenaufnahmen erkennt man seinen Lauf.

Die Sahara lässt sich in drei Hauptzonen unterteilen, die jeweils bestimmte Charakteristika aufweisen: westliche, zentrale und östliche Sahara. Die westliche Sahara wird im Norden vom Atlasgebirge und im Süden vom Hoggar begrenzt. Sie erstreckt sich von der Atlantikküste bis zu den Grenzen Libyens. Dieser Abschnitt ist die Sahara der großen Oasen, die den Läufen ausgetrockneter Flüsse folgen oder auf den Kämmen riesiger Dünenformationen ruhen. Die westliche Sahara ist jedoch auch ein Ort, an dem die Wüste ihr grimmigstes Gesicht zeigt. Endlose Weiten unfruchtbaren Landes wechseln sich mit praktisch unpassierbaren Dünen ab, die ein Gebiet von der Größe Norditaliens bedecken: der Westliche Große Erg, der Östliche Große Erg und der Erg Chech. In der Zentralsahara findet man imposante Gebirgsmassive, die Überreste erloschener Vulkane. Hoggar, Tassili N'Ajjer, Tibesti, Ennedi und ihre Ausläufer liegen in einem riesigen Rechteck zwischen der algerischen Reg und der Libyschen Wüste. Im Hoggar und im Tibesti erreicht die Wüste ihre größten Höhen. Der Assekrem im Atakor ist 2900 m hoch und der

Emi Koussi, der höchste Gipfel im Tibesti und in der gesamten Sahara, erreicht eine Höhe von 3415 m über dem Meeresspiegel. Östlich des Tibesti liegt die Libysche Wüste, die sich über Libyen, Ägypten und den Sudan erstreckt. In der östlichen Sahara gibt es keine nennenswerten Berge. Ein Schild niedriger Plateaus zieht sich jedoch sanft hinab bis zur Mittelmeerküste. In der Libyschen Wüste gibt es praktische keine Flüsse. Ihr geomorphologisches Antlitz charakterisieren weite, tiefe Depressionen mit steilen Hängen. Die große Libysche Depression erstreckt sich von der Oase Audjila über Siwa bis zur Kattarasenke (tiefste Stelle 137 m unter dem Meeresspiegel). In der Libyschen Wüste findet man nur wenige isolierte Oasen, die weit auseinander liegen und über schlechte Karawanenwege miteinander verbunden sind, auf denen das Reisen beschwerlich ist. Die Libysche Wüste ist die letzte bewohnte Region der Sahara. Hier wird dem Menschen bewusst, was das lateinische Wort *desertus* bedeutet: „verlassener Ort".

Der Nil bildet die große Ausnahme in der östlichen Sahara. Wenn man die Region eingehend betrachtet, muss man einfach über die Kontraste zwischen dem Nil und der Sahara staunen, eine unbegreifliche, außergewöhnliche Vereinigung von Gegensätzen. Der Nil entspringt im Herzen der großen Seen Äquatorialafrikas. Hier regnet es häufig und in der Regel das ganze Jahr über. Der Fluss sollte damit gut vorbereitet sein für seine lange Reise zum Mittelmeer. Die enorme Wassermenge reicht jedoch kaum aus, um die Wüste zu bezwingen. Ebenso wie der Niger erreicht der Nil ein Binnendelta, nachdem er etwa ein Drittel der Strecke zurückgelegt hat: den Sudd. In diesem etwa 100 000 km² großen Sumpfgebiet verschwindet der Fluss vorübergehend in einem Netz aus tausenden von Kanälen und blinden Armen. Aufgrund der hohen Verdunstung verliert der Nil im Sudd die Hälfte seiner Wassermenge. Der ausfließende Weiße Nil erhält Unterstützung durch den Sobat. Nahe Khartum vereinigen sich Weißer und Blauer Nil und nach Einmündung des Atabara legt der Nil 2700 km als Fremdlingsfluss durch die Nubische und die Arabische

64 Eine einzelne, winzige Wolke wirft einen Schatten auf die unermessliche Weite der Dünen, die sich über ein ausladendes Becken in der Libyschen Wüste in Ägypten erstrecken. Das Gebiet endet in einem natürlichen Ring aus stark erodierten Tafelbergen, die wiederum von noch zerklüfteteren Erhebungen begrenzt werden. Unzählige ausgetrocknete Flussbetten durchfurchen die Berge.

65 Die Libysche Wüste, fotografiert in Ägypten. Diese Wüste ist überwiegend ein Tafelland mit fossilen Wasserwegen, die extrem kurz sind (links), und Tafelbergen, die meist von bescheidenem Umfang und geringer Höhe sind (rechts).

Wüste zurück. Diesen Abschnitt unterteilen insgesamt sechs Katarakte (Stromschnellen).

Das Schicksal der Nebenflüsse des Nil nördlich des 16. Breitengrades ist ein ganz anderes. Nichts deutet auf das hydrische Geflecht hin, es ist vollkommen verschwunden unter Ebenen, die der Wind geglättet hat. Den südlichen Rand der Sahara bildet der Sahel, was auf Arabisch „Küste" bedeutet. Der Sahel bildet die Übergangszone zwischen der Savanne und den kargen Landschaften des Nordens. Er durchschneidet den afrikanischen Kontinent vom Atlantik bis zum Roten Meer. Die Vegetation im Sahel besteht vor allem aus Dornbuschsavannen mit spärlicher Grasflur und Dornsträuchern. Die jährliche Niederschlagsmenge liegt durchschnittlich bei 250 bis 600 mm. Im Westen des Sahel verändern zwei große Flüsse das Landschaftsbild: der Senegal und der Niger. Der Sahel bildet eine verschwommene, fluktuierende Grenze, die zwei Welten voneinander trennt.

Die verblüffende Vielfalt der Landschaften in der Sahara begleitet eine einheitliche geologische Struktur. Die Sahara besteht vollständig aus einem sehr alten felsigen Schelf, eine Hochebene aus kristallinem Schiefer, Granit und altem Vulkangestein. Im Lauf der Zeit war dieses Fundament endlosen Prozessen der Glättung und der Erosion ausgesetzt und wurde beinahe völlig mit Sedimenten bedeckt. Dies zeigt sich vor allem im Hoggar und im Tibesti.

Die Akkumulation der Sedimente, die die Sahara zu einem überwiegend flachen Gebiet macht, hat auch die Tafelberge geformt, die ebenfalls das Antlitz der Sahara prägen. Das Tassili N'Ajjer in Algerien, ein Schichtstufen-Bergland mit wüstenhaftem Hochplateau, ist eines der spektakulärsten Beispiele für derartige Formationen. Als schließlich die Niederschläge immer mehr nachließen – ein Grund für die Desertifikation in jüngerer Zeit – konnte der Wind mit aller Macht agieren. Er ist in erster Linie verantwortlich für das heutige Aussehen der Sahara: Bizarre Felsgebilde wechseln sich ab mit überwältigenden Sanddünen, riesige Ergs, Barchanen und mondsichelförmige Wanderdünen. Die Sandkörner folgen dem Transportprozess der Saltation. Sie werden vom Wind erfasst, beschleunigt, schlagen auf dem Boden auf und bringen dadurch andere Sandkörner in Bewegung, die wiederum vom Wind erfasst wer-

den. Dieser Mechanismus kann verschiedene Formationen hervorbringen, zum Beispiel die typischen Vertiefungen, die die Ebenen der Sahara durchfurchen, oder die Dünen von unterschiedlicher Größe. Alles, was dazu nötig ist, ist ein signifikantes Hindernis, eine Änderung der Windrichtung oder der Temperatur. Dann kann der Prozess in jeder Richtung und jedem Ausmaß vonstatten gehen.

Die Termini für die verschiedenen Dünenformationen der Sahara sind breit gefächert. Neben den Barchanen gibt es Seif- (arabisch: „krummes Schwert"), Draa- (Sandketten, die bis zu 300 m hoch werden können) und sternförmige Rhourd-Dünen. Für den Saharareisenden sind die Dünen ein Albtraum, unabhängig davon, ob er auf dem Rücken eines Kamels oder in einem Kraftfahrzeug reist. Im hypnotisierenden Chaos eines aklé, eines Barchan, der aus nebeneinander verlaufenden Dünenketten mit verschiedenen Kreuzungspunkten besteht, verliert man leicht die Orientierung. Dies kann tragische Folgen haben … Man bewegt sich durch die Dünen, auf der Suche nach Korridoren, die frei von Sand sind. Einige dieser Passagen wurden jahrhundertelang von Karawanen benutzt und dienten Forschern, Pionieren und Armeen als Reiseroute. Viele gepflasterte Straßen, die heute die Sahara durchziehen, folgen den Spuren dieser schicksalhaften Öffnungen.

Hartnäckig hält sich die Meinung, die Sahara bestehe nur aus Sanddünen. Sandwüste bedeckt jedoch nur etwa 10 % der Sahara. Romantische Geister müssen sich mit der rauen Wirklichkeit abfinden: Trostlose Ebenen, von der Sonne gebleichte Berge und entsetzliche Gesteinsfelder bilden den größten Teil der Sahara.

Atlantik

MAGHREB

MAROKKO

Tahert (Tiaret)

Sedrata TU

SAHARA-ATLAS

Touggourt

Rissani
(Sijilmassa)

**WESTLICHER
GROSSER ERG**

Wargla

M Z A B

T O U A T

**Plateau von
Tademaït**

**ÖSTLICHER
GROSSER ERG**

Timimoun

ERG
CHECH

Adrar

In Salah

Reggane Aoulef

TIDIKELT

Arak

TA
N A

WEST-
SAHARA

A L G E R I E N

AMADROR

Idjil

T A N E Z R O U F T

Assekrem

HOGGAR

Wadi Tafassasset

Wadane

Taoudenni

Tamanrasset

Mount
Greboun

Atar

M A U R E T A N I E N

Araouane

AÏR

Arlit

Tichitt

Teguiddam
Tessoun

Bagzan

Aoudaghost

M A L I

Menaka

In Gall

Agades

HODH

Walata

Timbuktu

Gao

TAHOUA

N I G E R

SAHEL

Niger

Mopti

Niger

Niamey

Djenne
San

SENEGAL

68 Das raue Klima im Tadrart Acacus im äussersten Westen Libyens ist eine relativ junge Erscheinung. Im 4. Jahrtausend v. Chr. war die Gegend extrem fruchtbar und wurde von fortschrittlichen Menschen bewohnt.

69 LINKS Die Dürre in den 70er-Jahren des 20. Jahrhunderts war dafür verantwortlich, dass sich die Aridität der Sahara verstärkte. Wilde und domestizierte Tiere und Pflanzen wurden derart dezimiert, dass viele Spezies vom Aussterben bedroht waren.

69 RECHTS Ein Nomade träumt an einer der wenigen permanenten Wasserstellen in der westlichen Sahara. Wasser ist das wertvollste Gut der Wüste, weil es hier so selten regnet. Dürreperioden können mehrere Jahre dauern und bedrohen das Leben von Mensch und Tier.

EIN TROCKENES HERZ

Im Lauf der Zeit erlebte die Sahara immer wieder Feucht- und Trockenperioden. Es kam zu drastischen Klimawechseln, für die unterschiedliche Ursachen verantwortlich waren: Kontinentaldrift, Vordringen und Rückzug der Gletscher und Veränderungen in der atmosphärischen Zirkulation. Der so genannte Dinosaurierfriedhof in Gadafaoua, einer der einsamsten Gegenden in Niger, belegt, wie extrem sein können.

In dem Gebiet, über das sich heute die Ténéré erstreckt, wuchsen vor 200 Millionen Jahren Regenwälder mit üppiger Vegetation, breiten Flüssen und vielen Wasserlöchern.

Je weiter man in die Gegenwart vordringt, desto mehr Informationen erhält man über die Vergangenheit der Sahara. Das Muster wird klarer, so klar, dass man den Versuch wagen kann, die Ereignisse glaubwürdig zu rekonstruieren. Klimaänderungen verlaufen nicht linear und konstant, sondern machen Fort- und Rückschritte, bis eine Schwelle überschritten wird. Etwas Ähnliches scheint in der Sahara passiert zu sein.

Signifikante Klimaschwankungen haben offensichtlich den Zusammenbruch des Ökosystems ausgelöst. Die am weitesten verbreitete Hypothese ist, dass in unterschiedlichen Regionen der Sahara verschiedene Klimata herrschten, die den Eiszeiten folgten. Im Pleistozän gab es in der Sahara zweifellos an vielen Stellen Frischwasser. Ausbreitung und Rückgang des Wassers folgten erstaunlich schnellen Rhythmen und gipfelten in einem Schwindel erregenden Finale.

Die Fluktuationen des Tschadsees sind ein anschauliches Beispiel für die Evolution der Sahara in den vergangenen 20 000 Jahren. In dieser Zeit verschlechterte sich das Klima der Sahara rasch und unerbittlich. Die Wüste dehnte sich weit hinter die heutigen Grenzen aus und reichte beinahe bis zum 10. Breitengrad.

Dünen bildeten sich noch 500 km südlich ihrer heutigen Grenzen und reichten bis an den Regenwald.

Der Tschadsee, der in der vorhergehenden Feuchtperiode eine Fläche von etwa 350 000 km² bedeckte, schrumpfte nach und nach in etwa auf seine heutige Größe. Dann kam es erneut zu einer Feuchtperiode, gefolgt von einer Dürreperiode.

Vor etwa 12 000 Jahren stellte die Wüste offensichtlich ihre Offensive ein. Die Sandmassen zogen sich zurück und es gab ausreichend Niederschläge. Der Tschadsee breitete sich erneut aus und verwandelte sich in einen Binnensee von der Größe des Kaspischen Meeres. Der endgültige Niedergang begann vor etwa 4 000 Jahren, als die Wüste dauerhaft triumphierte.

Dieses Schema lässt sich natürlich nicht auf alle Regionen der Sahara anwenden. Die Gebiete östlich des Tibesti blieben stets trocken.

Man hat errechnet, dass die Niederschlagsmenge lediglich bei etwa 100 mm pro Jahr lag. Die Veränderung dauerte nur wenige tausend Jahre. Paläoklimatologen glauben, dass die Ursache für diese Katastrophe in der Veränderung des Sonnenlichts lag, hervorgerufen durch die sich verlagernde Rotation der Erdachse.

Tatsächlich hat sich der Monsunregen, die einzige Hoffnung für die Wüste, heute weit nach Süden zurückgezogen, zu weit, um die Aridität beeinflussen zu können.

Ein äußerst effizientes atmosphärisches System hat sich über der Sahara niedergelassen und Kräfte gesammelt, die sich auf permanente Hochdruckgebiete gründen, die das Zentrum beherrschen.

Das Saharahoch funktioniert wie ein riesiger Fächer, der die feuchte Luft vom Atlantik und vom Mittelmeer aufnimmt und sie bis an den Rand der Wüste fächelt.

70 Eine gigantische Staubwolke, die der Wind in der westlichen Sahara aufgewirbelt hat, verteilt sich tausende von Quadratkilometern über den Atlantik. Neueren Untersuchungen zufolge sollen die Wüstenstürme der Sahara für die Invasionen toxischer Algen verantwortlich sein.

71 Sandbeladener Wind fegt über die Oase Djanet in Südalgerien und taucht die Welt in ein gelbliches Zwielicht (oben). Zwei Frauen schöpfen während eines Sturms Wasser aus einem Brunnen in Atar, Mauretanien (unten). Ähnliche Phänomene, die zum Teil verheerende Auswirkungen haben, können eine Woche anhalten.

Die Winde, die über die Sahara fegen, wie der Schirokko, der Chamsin und der Harmattan, sind trocken, heiß und oft sandbeladen. Sie alle kommen aus dem Herzen der Wüste. Wie die Dschinns, Dämonen, die gemäß dem Glauben der Nomaden die Leere bewohnen, scheinen sie von Furien besessen zu sein. Ihre Aufgabe besteht darin, die Grenzen der Sahara zu verteidigen, die Wolken zurückzudrängen, die Regen bringen könnten, und darauf zu achten, dass sich das Klima nicht ändert. Das Wechselspiel zwischen Vegetationslosigkeit, weiten Ebenen und den mächtigen, unaufhörlichen Winden schafft Bedingungen, die jedes Leben unmöglich machen. Der Harmattan kann zwei Monate lang ohne Unterbrechung über die Wüste fegen und dabei die Landschaft mit einer Art mineralischem Nebel überziehen. Die Wolken aus Staubkörnern sind zum Teil gigantisch und erstrecken sich über mehrere tausend Quadratkilometer. Die Sandstürme, die die Sahara vor allem im Spätfrühling heimsuchen, können unvorstellbare Kräfte entwickeln. Die Sonne verschwindet plötzlich hinter einem rötlichen Vorhang und man kann kaum die Hand vor Augen sehen.

Alles Leben steht still, als ob übernatürliche Mächte es lähmten. Die Bewohner der Wüste fürchten diese Stürme. Die Geschichten, die sie sich am Lagerfeuer erzählen, sind Furcht erregend: verschwundene Karawanen, getötete Tiere, fortgerissene Zelte, mit all ihren Insassen unter dem Sand begraben. Gelegentlich ziehen die Staubwolken aus der Libyschen Wüste oder den Wüstengebieten Algeriens bis nach Südeuropa oder noch weiter und besprenkeln die Gletscher der italienischen und der Schweizer Alpen mit feinem Sandstaub.

Regenfälle sind in der Sahara extrem selten und immer ein Produkt des Zufalls. Es regnet nur, wenn es dem Monsun gelingt, den massiven Schild der Hochdruckgebiete der Sahara zu durchbrechen. Außerdem gibt es kaum Wolken und feuchten Dunst. Das gleißende Sonnenlicht trifft ungebrochen auf die Erde und sorgt dafür, dass sich die Trockenheit immer weiter ausbreitet. In Tamanrasset, am Fuße des Hoggar, scheint die Sonne an 310 Tagen im Jahr. In Adrar, dem Hauptort der Touat-Oasen in Algerien, brennt sie sogar 340 Tage im Jahr auf die Erde nieder. In Gao, einer Stadt in Ostmali, scheint sie an 275 Tagen im Jahr, ein kleiner Trost, wenn man

bedenkt, dass Paris und Mailand immerhin mit 140 Sonnentagen aufwarten. Darüber hinaus ist das Sonnenlicht in der Sahara viel intensiver als in gemäßigten Zonen.

Nicht einmal die Elevation, die für gewöhnlich Menge und Qualität des Niederschlags beeinflusst, hat signifikante Auswirkungen. Im Tibesti, dessen höchster Gipfel über 3 000 m hoch ist, beträgt die Niederschlagsmenge nur 100 mm pro Jahr. Betrachtet man die jährliche Niederschlagsmenge anderer Orte in der Sahara, ist dies vergleichsweise viel: Kufra (südöstliches Libyen) 1,9 mm; Reggane (Erg Chech, Algerien) 5,8 mm; Bilma (Ténéré, Niger) 22 mm; Faya (Tibesti, Tschad) 5 mm.

Irregularität charakterisiert das Klima der Sahara am stärksten. In einigen Gebieten der Libyschen Wüste hat es seit zwölf Jahren keinen einzigen Tropfen geregnet. In Kharga (Ägypten) fiel sogar 17 Jahre lang kein Regen. Dies sind allerdings Ausnahmen. „Normalerweise" regnet es in der Zentralsahara alle sieben bis 14 Monate und in den südlichen Regionen alle sechs bis neun Monate. Manchmal ist die Luft so heiß, dass die Regentropfen die Erde nicht erreichen, sondern wenige Meter über dem Boden verdampfen. Saharareisende kennen dieses frustrierende Phänomen. Sie blicken in den Himmel, sehen den Regen, riechen ihn, können ihn beinahe mit Händen greifen, sich letztendlich aber nicht daran gütlich tun.

Die Niederschlagsmenge muss innerhalb von 24 Stunden über 5 mm betragen, damit der Boden so viel Feuchtigkeit speichern kann, wie die Pflanzen zum Wachsen benötigen. Die Nomaden der Sahara sind sich dessen durchaus bewusst. Sie halten Regenfälle, die keine Wirkung zeigen, nicht einmal in ihrem mündlichen Kalender fest, den sie während Trockenperioden wie eine Sühneliturgie ein ums andere Mal wiederholen. Es überrascht nicht, dass Regen – und Wasser im Allgemeinen – in allen Sprachen der Sahara mit dem Göttlichen und dem Spirituellen in Verbindung steht. Für die Nomaden Mauretaniens ist es *rahma,* „die Barmherzigkeit Allahs", ein seltenes und wertvolles Geschenk.

Selbst wenn die Dürre ein Ende hat und es endlich regnet, kann es zu einer Katastrophe kommen. 1922 wurde Tamanrasset fast völlig von einem Wolkenbruch zerstört, der Dutzende Todesopfer forderte.

72–73 Riesige Barchanen erheben sich zwischen dem Steilabbruch des Tadrart Acacus (im Hintergrund) und dem Wadi Mathandous. Wegen der extremen Bedingungen ist die Region praktisch unbewohnt. Nur einige wenige Familien der Azgertuareg leben in dieser Einöde, die trotz allem von einer unbeschreiblichen Schönheit ist.

73 LINKS DER MYSTERIÖSE METEORIT, DER GEMÄSS DER ÜBERLIEFERUNG IN DER WÜSTE VON MAURETANIEN NOCH HEUTE AUF SEINEN ENTDECKER WARTET, MAG DIESER FELSFORMATION GLEICHEN: EIN EINFACHES, KALKHALTIGES ZUTAGELIEGEN, ERODIERT VOM WIND.

73 RECHTS DAS ZUSAMMENSPIEL AUS WIND, NÄCHTLICHER FEUCHTIGKEIT UND BRUTALEM WECHSEL ZWISCHEN HITZE UND KÄLTE IST DAFÜR VERANTWORTLICH, DASS DER SANDSTEIN DES TADRART ACACUS UNAUFHALTSAM ZERBRÖCKELT. DABEI ENTSTEHEN DIE UNTERSCHIEDLICHSTEN FORMEN, WABENARTIGE GEBILDE, SPIRALEN, HÖHLEN UND NATÜRLICHE UNTERSTÄNDE.

74–75 IN DER UNENDLICHEN WEITE RAST EINE STAUBWOLKE AUF EINEN MENSCHEN ZU UND DROHT, IHN ZU VERSCHLINGEN. SAND- UND STAUBSTÜRME TRETEN IM SAHEL HÄUFIG AUF, VOR ALLEM IN DEN SENGEND HEISSEN FRÜHLINGSMONATEN. SIE KÜNDIGEN JEDOCH NICHT IMMER DEN LANG ERSEHNTEN REGEN AN.

Das Gleiche ereignete sich etwa 15 Jahre später in Mursuk (Libyen). Vor nicht allzu langer Zeit genügte ein plötzlicher Regenguss, um einen Großteil der Transsahara-Straße auszuradieren, die In Salah mit Tamanrasset verband. Dabei wurde die gesamte Arakschlucht gespalten.

Wenn man an das Wärmepotenzial der Wüste denkt, gewinnt der seltene Niederschlag noch mehr an Bedeutung. Sonne und Wind haben entscheidenden Einfluss auf das Klima der Sahara.

Menschen, Pflanzen und Tiere sind extrem hohen Temperaturen ausgesetzt und müssen ständig gegen die Dehydrierung ankämpfen. Im Sommer sind Höchstwerte über 50 °C normal, zumindest in Höhen unter 1 000 m. Den Weltrekord halten mit 56 °C Timimoun, (Algerien) und mit über 58 °C Azizia (Libyen). Aoulef (Algerien) hält den Rekord in Ausdauer. Im Juli liegt die Temperatur mehr als 10 Stunden am Tag über 40 °C. Für die Menschen, die in der Sahara leben, spielt die Bodentemperatur eine noch größere Rolle. Die Albedo (Rückstrahlungsvermögen) des Erdbodens, ist in der Sahara extrem hoch.

Da die Erde kahl und im Allgemeinen xanthochrom ist, reflektiert sie bis zu drei Viertel der Energie, die sie von der Sonne empfängt. In der Mittagshitze scheint die Luft zu flimmern und der Horizont verschwimmt zu einer undeutlichen, flackernden Linie. Riesige Seen tauchen in der Ferne auf, funkeln im Sonnenlicht und reflektieren Dünen und Berge als perfektes Spiegelbild.

Für die Fata Morgana gibt es eine einfache Erklärung, die in Zusammenhang mit den Gesetzen der Refraktion steht. Die Schichten heißer Luft in Bodennähe wirken wie ein Spiegel, der weit entfernte Objekte reflektiert. Die Phantomgewässer der Sahara sind nichts weiter als gebrochene Abbilder des Himmels.

In der Wüste ist es jedoch nicht immer heiß. Die Sahara ist außergewöhnlich kontinental, deshalb kommt es zu extremen Temperaturschwankungen zwischen Tag und Nacht. Die Unterschiede können sommers wie winters bei 30 bis 35 °C liegen. Im Winter sind die Nächte bitterkalt und die Temperaturen können unter den Gefrierpunkt sinken. Im Hoggar hat man in Tamanrasset – auf einer Höhe von 1 300 m – Temperaturen von −14 °C gemessen. Die extremen Temperaturschwankungen schwächen den menschlichen Körper.

Viele Nomaden der Sahara leiden daher an Lungenkrankheiten. Trotz des rauen Klimas hat die Sahara mehr Bewunderer, als sie vielleicht verdient.

76 DIE VERLASSENE STADT DJADO AM FUSSE DES GLEICHNAMIGEN PLATEAUS LAG AN DER STRASSE, DIE DIE LIBYSCHEN OASEN MIT DEM TSCHADSEE VERBAND, VORBEI AN DEN OASEN VON KAWAR UND DEN SALZEBENEN.

76–77 NAHE DJADO, IM ÄUSSERSTEN NORDEN DER TÉNÉRÉ (NIGER), SCHEINEN SICH DIE SCHUTZWÄLLE WEITERER BURGRUINEN ZU ERHEBEN. VIELLEICHT INSPIRIERTEN DERARTIGE FELSFORMATIONEN DIE ERBAUER DER STÄDTE.

78–79 SELTENE AKAZIEN UND STRÄUCHER, DIE DEM UNERBITTLICHEN WIND AUSGELIEFERT SIND, ÜBERZIEHEN DIE WÜSTEN MAURETANIENS. DIE SAHARA ERSTRECKT SICH HIER BIS ZUR KÜSTE UND TRIFFT DIREKT AUF DEN ATLANTIK. NUR ENTLANG DEM SENEGAL IM SÜDEN IST SUBSISTENZWIRTSCHAFT MÖGLICH.

80–81 UND 81 AUF VIELEN DER KLEINEN INSELN IM MITTLEREN LAUF DES NIGER LEBEN BAUERN UND FISCHER. SIE SIND DIE NACHKOMMEN DER GRÜNDER DER ANTIKEN SCHWARZEN KÖNIGREICHE, DEREN SCHICKSAL VOM TRANSSAHARA-HANDEL ABHÄNGIG WAR. AN SEINER GROSSEN BIEGUNG IM NORDEN, DRINGT DER NIGER WEIT IN DIE WÜSTE VOR UND MARKIERT DIE GRENZE ZWISCHEN DER WELT DER NOMADEN UND DER SESSHAFTEN BAUERN. IN PRÄHISTORISCHER ZEIT ÜBERFLUTETE DER FLUSS DAS HEUTE AUSGETROCKNETE BETT IN ARAOUANE (MALI).

82–83 Umrahmt von Palmen und Wasserpflanzen liegt der Frischwassersee Borkou zwischen anderen Salzseen bei Ounniaga Serir im Tschad. Der Tschad ruft Bilder vom Paradies hervor, doch dieses Eden wird vom Nichts der Wüste bedroht.

83 Das Oberflächenwasser ist in der Sahara in den meisten Fällen zu salzhaltig, um trinkbar und vital zu sein. Die Salzkonzentration kann so hoch sein, dass die Ufer mit einer dicken weissen Kruste überzogen sind, wie bei diesem See in Ounianga Serir (oben) oder beim Yoasee nahe Ounianga Kebir (unten), der mit seinem Mineralgehalt dem Toten Meer Konkurrenz macht.

84 OBEN Ein wolkenloser Himmel strahlt über dem Acacus. In dieser Region fällt manchmal jahrelang kein Tropfen Regen. Plötzlich auftretende Regengüsse können jedoch verhängnisvoll sein: 1939 wurde Mursuk von einem aussergewöhnlich verheerenden Platzregen völlig zerstört.

84 UNTEN UND 84–85 In der libyschen Region des Fessan können die Temperaturen im Sommer bis auf 47 °C klettern und im Winter unter den Gefrierpunkt sinken. Die extrem trockene Luft ermöglicht es, dass man selbst das kleinste landschaftliche Detail aus grosser Entfernung wahrnehmen kann: die unendliche Weite aus Sand, genannt idehan (oder edeyen) und die Felsplateaus, durchfurcht von ausgetrockneten Flussbetten.

86–87 Dieses Gestein im Acacus erinnert an das Werk eines Künstlers. Die Patina, die den Fels in der Sahara oftmals überzieht, entsteht durch Salze, die die Evaporation hinterlässt, vor allem Eisen- und Manganoxide.

88 UND 89 Es fällt schwer, sich eine fruchtbare Vergangenheit in der Einöde des Acacus vorzustellen. Dennoch war das Klima zu Beginn des Holozäns subäquatorial und in der Region waren alle grossen Säugetieren der Savanne beheimatet. Auch der Mensch hatte sich hier niedergelassen, wie das unschätzbare Vermächtnis der Felsmalereien belegt.

90–91 Der Wind verlagert zwar unentwegt die Sandkörner und verändert dadurch Grösse und Aussehen der Dünen, aber dennoch sind die Ergs und die grossen isolierten Dünen Algeriens im Wesentlichen stabil. Sie sind sogar zu festen Orientierungspunkten in der schwer zu fassenden Landschaft der Sahara geworden.

92–93 Die kieselsäurehaltigen Partikel, die die Dünen und grossen Sandanhäufungen zwischen dem Acacus und dem Matandous formen, sind kein Produkt des Windes. Sie sind vielmehr das Ergebnis der seit alters andauernden Erosion der nahe gelegenen Berge. Tatsächlich stammt der Sand der grossen Ergs aus dem Atlasgebirge.

94 UND 94–95 In der libyschen Sahara hat es nie einschneidende geologische Veränderungen gegeben, sodass ihre ursprüngliche Struktur weitgehend erhalten ist. Einst war die Vegetation der Reichtum dieser Region, heute ist es das Öl unter der Erdoberfläche.

96–97 Die unzähligen Dünen in der Libyschen Wüste bedecken zum Teil hunderttausende von Quadratkilometern. Sie sind noch heute ein kaum überwindbares Hindernis, nicht nur auf dem Rücken eines Kamels, sondern auch mit den stärksten Allradfahrzeugen.

98–99 Die steilen Wände des Tadrart Acacus scheinen den tief blauen Himmel über der Wüste zu berühren. Gestalt und Formen des Acacus ähneln jenen des nahe gelegenen Tassili N'Ajjer in Algerien. Die Westseite des Massivs, nahe der Oase Ghat ist ein Steilabbruch.

100–101 Hinter den letzten Kämmen einer lang gezogenen Düne in der Libyschen Wüste nahe Ghat erheben sich die Überreste eines Tafelberges am Horizont.
Felsen in Form grauer und brauner Wälle, zerbrochen in sonnengeschwärzte Scherben, kennzeichnen die Sahara ebenso wie Hochebenen und spiralförmige Gebilde.

102–103 Der Wind hat die Yardangs in der „weissen Wüste" Ägyptens geformt. Einige erinnern an zusammengekauerte Tiere.

104 IM LAUF DER JAHRTAUSENDE WURDEN DIE FELSFORMATIONEN DURCH EROSION, VERURSACHT VON WIND, EXTREMEN TEMPERATURSCHWANKUNGEN UND HEUTE VERSCHWUNDENEN FLÜSSEN, AUF DEM ENNEDI-PLATEAU GEFORMT.

105 OBEN LINKS DAS TIBESTI, DAS ZUM TEIL VÖLLIG VEGETATIONSLOS IST, RUFT EIN UNBEHAGLICHES GEFÜHL DER LEERE HERVOR. DENNOCH IST DIE FLORA IN DIESEM GEBIRGE, DEREN SPEZIES URSPRÜNGLICH ÜBERWIEGEND AUS DEM SAHEL STAMMEN, UNERKLÄRLICHERWEISE VIELFÄLTIGER ALS JENE IM HOGGAR.

DIE GEHEIMNISSE

DER BERGE

Vor etwa 2 Millionen Jahren wurde die Sahara von außergewöhnlich starken Vulkanausbrüchen erschüttert. Unvorstellbare Mengen an Lava wurden an die Oberfläche geschleudert und übergossen Täler und Felsen. Nachdem die Ausbrüche nachließen, begannen die Erosionskräfte zu wirken. Sie ließen die Felswände der Vulkane abbröckeln und legten deren Innenschlote frei, die aus hartem Basalt bestanden.

Die Gipfel und massiven Monolithe, die die Bergwelt der Sahara charakterisieren, entstanden durch das rasche Erstarren der Lava. Die Berge des Hoggar und des Tibesti präsentieren eine Auswahl frühester Phänomene. Die Sedimentärformationen des Tassili N'Ajjer belegen eindeutig, dass exogene Kräfte eine entscheidende Rolle spielten. Sonne, Wind und vor allem die korrosive Kraft heute versiegter Flüsse verwandelten das, was einst ein massives Sandsteinplateau war, in einen Dschungel aus Cañons, Felssäulen, Türmen und zerklüfteten Bergketten. Hier werden die Auswirkungen des ständigen Wechsels zwischen Feucht- und Trockenperioden offenbar. Der Hoggar ist das bekannteste und wichtigste Gebirge in der Zentralsahara, das wahre Rückgrat der Wüste. In seinem Herzen befindet sich der Atakor, der von einem flachen Wüstengraben isoliert wird und von mehreren niedrigen Massiven umgeben ist, die in der weiten Ebene verloren wirken. Aus geologischen und ökologischen Gründen wird das riesige Stück Land zwischen dem 19. und 27. nördlichen Breitengrad und dem 1. und 8. östlichen Längengrad zum Hoggar gerechnet. Es beschreibt ein Polygon, das fast 400 000 km² umfasst und vom Wendekreis des Krebses zweigeteilt wird.

Im Norden markieren die Ebenen von Tidikelt seine Grenze, im Südosten und im Westen die vollkommen flachen Wüsten Ténéré und Tanezrouft. Der Hoggar ist eine Welt für sich. Er spielt seit alters eine spezielle Rolle in der Sahara.

In verschiedenen Epochen war er Dreh- und Angelpunkt für den Handel zwischen dem mediterranen Algerien und Schwarzafrika. Zu anderen Zeiten galt er als kaum zu überwindendes Hindernis. Während der militärischen Eroberung der Sahara bezahlte die französische Armee für die Befriedung des Hoggar einen hohen Preis. Das Gebirge erwies sich als natürliches Bollwerk. Der Atakor, der sich wie eine Burg mit Türmchen als ausgedehnte Bergkette nach Norden

105 OBEN RECHTS STARK ERODIERTE SANDSTEINTÜRME ERHEBEN SICH AUF DER EBENE NAHE DER SCHLUCHT VON ARCHEI UND OFFENBAREN DAS URSPRÜNGLICHE ANTLITZ DES ENNEDI-PLATEAUS. DIE DURCHSCHNITTLICHE HÖHE IN DIESEM MASSIV LIEGT BEI ETWA 1000 M.

105 UNTEN DIE BIZARREN FELSFORMATIONEN IM HOGGAR SPIEGELN DIE KOMPLEXEN GEOLOGISCHEN EREIGNISSE WIEDER, DIE AUF DIE BERGE DER SAHARA EINGEWIRKT HABEN. VOR ETWA 2 MILLIONEN JAHREN WAREN SIE VERHEERENDEN VULKANISCHEN AKTIVITÄTEN AUSGESETZT.

106 BASALTGIPFEL UND MONOLITHE, DIE ÜBERRESTE ANTIKER VULKANSCHLOTE KENNZEICHNEN DIE LANDSCHAFT IM ATAKOR, DEM HERZEN DES HOGGAR (LINKS), UND DIE REGION UM TAMANRASSET, AM FUSSE DES MASSIVS (RECHTS). IN AUSNAHMEJAHREN KANN DIE NIEDERSCHLAGSMENGE BEI 140 MM LIEGEN, IN TROCKENZEITEN BEI NAHEZU 0 MM.

107 LINKS DIE LANDSCHAFTLICHE VIELFALT IM ACACUS MILDERT DIE UNWIRTLICHKEIT DER EXTREM TROCKENEN LANDSCHAFT, DIE BEREITS VOR TAUSENDEN VON JAHREN VON DEN MENSCHEN AUFGEGEBEN WURDE.

107 MITTE BIZARRE SANDSTEINFORMATIONEN ERHEBEN SICH IM KANASAI-TAL IN SÜDOSTALGERIEN, UNWEIT DER LIBYSCHEN GRENZE.

107 RECHTS SELTSAME GEBILDE AUS ROSA SANDSTEIN CHARAKTERISIEREN DAS DJADO-PLATEAU IM ÄUSSERSTEN NORDEN NIGERS, ÖSTLICH DER TÉNÉRÉ VON TAFASSASSET.

erstreckt, blieb jahrzehntelang eine uneinnehmbare Festung. Den Teffedest, dessen höchster Gipfel mit 2 357 m der Garet el Djenoun, der „Geisterberg", ist, umgibt eine Felskrone aus Außenbastionen: Tassili N'Ajjer, Mouydir, Ahnet, Tim Missao, Tin Reroh, Tassili N'Ahaggar und Adrar des Iforas. Wie ein einsamer Außenposten ragt der 2 000 m hohe Djebel Telertheba aus einer großen Reg, übersät mit Vulkankegeln, die im Lauf der Jahrtausende zerstört wurden.

Das Massiv dominiert die Route, die Tamanrasset mit Djanet verbindet, ein wichtiger Meilenstein für die Karawanen, die aus den Salzminen von Tisemt in die Ebenen von Amadror zurückkehren. Die Ténéré beginnt südlich des Amadrorbeckens. Die fossilen Flussbetten der

Wadis Tafassasset und Tin Tarabin durchqueren sie und sammeln das spärliche Regenwasser aus dem südöstlichen Hoggar. Der Atakor, Knotenpunkt dieses endlosen Komplexes, ist einer der sinnträchtigsten Orte der gesamten Sahara. Nur hier begreift man vollkommen das Ausmaß der Spaltung, die die Berge der Sahara formte. Basaltspitzen, die steil in den Himmel ragen, werden unvermittelt von ausgedehnten Felsplateaus abgelöst, Überreste immenser Lavaströme in einem übernatürlichen Chaos.

Der Tahat und der Ilamane erreichen eine Höhe von fast 3 000 m. Sie sind die spektakulärsten Charakteristika dieser Landschaft. Vom Assekrempass aus erkennt man die vulkanische Natur der verschiedenen Gipfel, unter denen der Ilamane der Prototyp ist. Zerklüftete Ausläufer

umgeben ihn. In der Mythologie der Tuareg ist er von herausragender Bedeutung. Der poetische und zugleich kriegerische Geist der Wüstennomaden macht Tahat und Ilamane zu Protagonisten in einem epischen Liebesduell, in dem mindestens zwei weibliche Berge vorkommen. Demgemäß sind die Einschnitte im Gestein des Ilamane das Ergebnis von Lanze und Säbel.

Die Krater sind Stempel, die den Bergen während Duellen zwischen Titanen aufgedrückt wurden, und die Quellen sind alte Wunden, die noch nicht verheilt sind. Die Tuareg glauben außerdem, dass alle Naturphänomene das Werk der Dschinns seien, der Wüstengeister, die verantwortlich sind für Erdrutsche, Wirbelwinde, Feuersbrünste und für das Echo.

Im Hoggar, einem Ort der Halluzinationen und Tagträume, geschieht nichts zufällig. Die Gipfel des Atakor sind durch tiefe Täler voneinander getrennt, ein Netzwerk aus Torrenten, die nur selten zum Leben erwachen. Im Frühling und im Winter ist der Himmel über dem Hoggar manchmal wolkenverhangen, es regnet jedoch nur selten. Trotzdem findet man im Zentrum des Gebirges relativ viele Wasserstellen. Dabei handelt es sich in der Regel um unterirdische Quellen entlang den ausgetrockneten Betten der Wadis. Sie fließen in Tiefen zwischen 20 cm und 15 m. Wenn der Grundwasserspiegel hoch genug ist, sammelt sich das Wasser in felsigen Becken, den Gueltas. Sie sind von einer üppigen Vegetation umgeben und bieten Fischen eine Heimat. Die Hänge des Atakor erstrecken sich etwa über 100 km und münden in mehrere Plateaus, die von weitläufigen Kieselstein- oder Sandflächen unterbrochen werden. In dieser Region führen die Wadis ausreichend Wasser. Das Wasser wird kanalisiert, sodass dauerhafte landwirtschaftliche Niederlassungen möglich sind. Die Oasen Tazrouk, Ideles, Hirafok und Mertoutek beispielsweise wirken wie blühende Gärten. Hier gedeihen Zitrusfrüchte, Hirse, Wei-

zen, Tomaten und andere Gemüsesorte ebenso wie die allgegenwärtige Dattelpalme.

In den Wüsten, die den Hoggar umgeben, herrscht eine ganz andere Situation. Hier gibt es kaum Wasserstellen und die wenigen liegen weit voneinander entfernt. Will man in der Tanezrouft die erste Wasserstelle erreichen, muss man zum Tassili Tim Missao reisen, einem flachen Plateau, erstickt unter sengend heißer Erde, 200 km von der nächsten Oase entfernt. Tassili N'Ahaggar und Tassili Tin Reroh sind bis heute weitgehend unerforschte, unwirtliche Regionen.

Das Ahnetmassiv im Norden ist noch entlegener und trockener. Seine Sandsteinfelsen erheben sich über der Ebene wie verfallene Mauern. Im Mouydir, vor allem aber im Tassili N'Ajjer findet man breitere Täler mit üppigerer Vegetation. Die wenigen 3 000 Jahre alten Zypressen, die in den geschützteren Tälern überlebt haben, legen lebendiges Zeugnis davon ab, dass das Klima einst milder war. Oleander und Olivenbäume an den Ufern einiger Gueltas im Atakor sind ebenfalls südeuropäischer Herkunft. Die Ursprünge von Atakor und Tibesti sind identisch, bei Letzterem waren die Eruptionen jedoch heftiger und dauerten länger. An bestimmten Punkten erreichten die Lavaströme eine Breite von 1,2 km. Bei diesen Effusionen entstanden unzählige Plateaus (hier Tarso genannt), die mit Gesteinsschutt bedeckt und von Kraterresten überzogen sind.

In vielen Gebieten kommt es noch heute zu sekundären vulkanischen Aktivitäten, zum Beispiel in den heißen Mineralquellen im Soborombecken, nahe Bardaï. Auch die Fumarolen an den Hängen des Toussidé (3 265 m) belegen dies. Am Fuße des Toussidé kann man eines der interessantesten Naturphänomene der Sahara beobachten, das so genannte Trou au Natron.

Dabei handelte es sich um einen gigantischen kreisrunden Krater, der einen Durchmesser von 6 km hat und 700 m in die Tiefe reicht. Steile, schwarze Basaltwände begrenzen den Krater, dessen Boden teilweise mit kristallinem, rein weißem Natriumcarbonat bedeckt ist, aus dem kleine Vulkankegel ragen. Das Trou au Natron ist einer der wenigen Orte der Welt, den man tatsächlich als beängstigend bezeichnen kann. Es genügt jedoch ein etwas stärkerer Niederschlag als gewöhnlich, damit am Kraterrand Gras wächst und bunte Blumen blühen, die das

Landschaftsbild verändern. Diese Sanftheit ist allerdings ungewöhnlich, denn im Tibesti fällt nur alle zehn Jahre ausreichend Regen und die Temperaturschwankungen sind enorm. Wie im Hoggar konzentrieren sich die Wasserreserven entlang ausgetrockneter Flüsse (Enneris), in Gueltas und in den äußerst seltenen Quellen. Insgesamt stehen den Bewohnern des Tibesti etwa 100 permanente Wasserstellen zur Verfügung. Sie bestimmen das Weiterziehen der Menschen von Weideland zu Weideland ebenso wie das tägliche Leben. 100-mal für Mensch und Tier die Hoffnung zu überleben – 100-mal in einem Territorium, das sich über 100 000 km² erstreckt.

Das Tibesti liegt überwiegend im Tschad. Es bildet ein Dreieck, dessen Seiten etwa 400 km lang sind. Der höchste Berg im Tibesti ist der gewaltige Emi Koussi mit einer Höhe von 3 415 m, das „Dach der Sahara". Im Süden läuft der Berg bis zum Tschadbecken sanft aus. Im Norden fällt er dagegen steil ab und zerbirst in tausende von Blöcken mit den bizarrsten Formen. Dies sind die Überreste einer Hochebene, der berühmten Aiguelles de Sissé, die sich wie ein steinerner Archipel erhebt. In der Weite der Wüste, die den Tibesti einfasst, gibt es kaum Vegetation. Dies ändert sich jedoch in den Bergen, nahe den Gueltas und den Rändern der Enneris.

Neben den allgegenwärtigen Unkräutern und Dornbüschen findet man im Tibesti weitere 400 Pflanzenarten. Hier gedeihen sieben Akazienarten, Jujuben, einige Feigen und viele Pflanzen aus dem Sahel. Die Baumgrenze liegt bei 1 800 m. Die Geröllfelder des Tarso sind praktisch kahl. Die extreme Trockenheit ist auch dafür verantwortlich, dass im Tibesti nur wenige Tierarten leben. Neben dem Wildschaf, das das Hauptmotiv der Felsmalereien bildet, gibt es nur wenige große Säugetiere: Gazellen, Paviane, Schakale, Wildkatzen und einige andere Spezies. Kleine Nagetiere und Reptilien findet man häufiger. Über die Krokodile, die in bestimmten Gueltas leben, ist nur wenig bekannt.

Im Nordosten des Tschad, an der Grenze zum Sudan, erstreckt sich über eine Fläche von 60 000 km² eine weitere Gebirgskette, das Ennedi-Bergland. Das antike Plateau sedimentären Ursprungs wurde in der Vergangenheit nicht von signifikanten vulkanischen Aktivitäten erschüttert. Der höchste Gipfel des Ennedi erreicht nur 1 450 m. Im Osten gibt es kein Wasser und das Gebiet ist unbewohnt. Für die Bideyat ist dies das

108 Dromedare auf dem Weg zu einer Wasserstelle zwischen den hohen Sandsteinwänden, die typisch für das Ennedi-Bergland sind. Die Nomaden dieser Gegend nutzen nicht nur das Weideland, sondern ernten auch Wildpflanzen und -getreide, die hier relativ verschwenderisch wachsen.

109 Die Erosion des Gesteins im Ennedi wird vor allem an den Rändern des Massivs deutlich, das Dünen und einsame Ebenen umgeben (oben). Tatsächlich ist das Ennedi-Bergland ein Mosaik aus Plateaus, die durch weite Täler und Depressionen, wie die Mourdi-Depression (unten), voneinander getrennt sind. Hier gibt es unerwartet viele Wasserlöcher und natürliche Quellen.

„Land des Durstes" und der ruhelosen Geister. Der übrige Teil des Massivs ist weniger arid, obwohl die jährliche Niederschlagsmenge bei nur 90 mm liegt. Dies verdankt das Ennedi-Bergland seiner geographischen Lage, der Form und Ausrichtung seiner Täler und dem Überfluss an Grundwasser, das stets genügend Wasser garantiert. Das Ennedi-Bergland ist eine Übergangszone zwischen absolutem Trockengebiet und Savanne. Das Cram-Cram-Gras (Cenchrus biflorus), das hier wächst, ist eine typische Spezies des Sahel und belegt, dass im Ennedi ein für die Sahara untypisches Klima herrscht. Die Vegetation ist dicht genug, um die Auswirkungen der Evaporation abzuschwächen.

Die Lebensbedingungen sind annehmbar und es gibt genug Weideland für das Vieh. Das Plateau ist mit dem Bahr el Ghazal verbunden, einem breiten Fluss, der dem Tschadsee entspringt. Heute ist das Flussbett ausgetrocknet, bis in jüngster Vergangenheit trat der Fluss jedoch immer wieder über die Ufer und versorgte das Bergland mit Wasser.

Ein Ansteigen des Levels des Tschadsees um 280 m, entstanden durch tektonische Bewegungen, war offensichtlich ausreichend, um das Ennedi-Bergland vor den Klauen der Wüste zu retten. Die sieben Krokodilarten, die im Guelta d'Archei leben, erinnern daran, dass es zwischen dem Tschadsee und dem Ennedi einst eine Verbindung gab.

Aufgrund des relativ milden Klimas sind im Ennedi wesentlich mehr Tiere und Spezies beheimatet als im Tibesti. Neben typischen Tieren der Sahara findet (oder fand) man hier auch Arten, die typisch für die Savanne sind. Bis in die frühen 60er-Jahre des 20. Jahrhunderts lebten im Ennedi Geparden, afrikanische Wildhunde, Hyänen und sogar Löwen. Giraffen spazierten in ausgetrockneten Flussbetten, weit hinter dem 16. Breitengrad. Für die Wissenschaft gibt es im entlegenen und schwer zugänglichen Ennedi noch viel zu entdecken.

Die Bestandsaufnahme der Berge in der Sahara wäre unvollständig ohne den Aïr in Niger und den Sahara-Atlas, der sich von der marokkanisch-algerischen Grenze in östlicher Richtung bis Biskra erstreckt. Die Formationen der Aïrkette entsprechen den anderen Bergen der Sahara: eine kristalline Basis, auf die Sedimente und Vulkangestein folgen. Das Massiv erstreckt sich von Agades in nördlicher Richtung bis zur algerischen Grenze. Der Aïr hat eine eher asymmetrische Struktur. Im Osten erhebt sich eine wellenförmige, weite Fläche, deren Hügel 800 m nicht überschreiten. Sie wird von parallel verlaufenden, ausgetrockneten Flüssen durchfurcht, Nebenflüssen des Wadi Azaouak. Im Westen erreichen die Berge, die über die kahle Ebene der Ténéré blicken, mit dem Bagzane ihre höchste Erhebung (2022 m). Im Aïr findet man neben der typischen Vegetation der Sahara und des Sahel auch eine Flora aus gemäßigten Zonen.

Dies überrascht, wenn man bedenkt, wie weit das Mittelmeer und Niger auseinander liegen.

Im äußersten Norden des Massivs, nahe dem Gipfel des Mount Greboun, gedeihen Olivenbäume (Olea laperrini), die 3000 bis 4000 Jahre alt sind. Die knorrigen Stämme dieser Bäume, die an eine Lithographie Gustave Dorés erinnern, erreichen einen Durchmesser von 2,5 m. In den Tälern und Oasen gedeihen Dattelpalmen (Phoenix dactylifera) und Dumpalmen (Hyphaene thebaica). Das nordöstliche Randgebiet des Aïr ist Teil des Schutzgebiets der Ténéré, das 1988 ins Leben gerufen wurde, um verschiedene Tierarten zu retten, die vom Aussterben bedroht sind: Gepard, Streifenhyäne, Karakal und vor allem die Addaxantilope.

Der Sahara-Atlas ist die einzige wahre Gebirgskette in der großen Wüste. Wie eine immense Barriere, geformt aus parallel verlaufenden, zerfurchten Erhebungen, durchschneidet er den Norden Algeriens auf einer Länge von 1200 km von West nach Ost. Seine Formationen sind verwandt mit der alpinen Orogenese, die hier an der Stelle abbricht, an der sie auf den kristallinen Saharaschild trifft. Die Berge im Süden Marokkos bilden die natürliche Verlängerung des Gebirges. Die erodierten, zerklüfteten Felsen des Sahara-Atlas erheben sich über der endlosen Einöde der Wüste und markieren die Grenze zwischen zwei gegensätzlichen Lebensstilen: Nomadismus und Sesshaftigkeit.

110 Die untergehenden Sonnenstrahlen färben die Sandsteinformationen im Tibesti rot und orange. An den Fuss der Berge schmiegen sich Sandmassen, die der Wind aus Libyen angeweht hat. Jahrelang suchten Krieg und Grenzstreitigkeiten die Region heim und noch heute gehört sie zu den unzugänglichsten Gegenden der Sahara.

110–111 Die Nord- und Westhänge des Tibesti sind noch öder und bizarrer. Sie bestehen aus den zerbröckelten, erodierten Überresten des Plateaus, die sich wie isolierte Schutzwälle aus dem Boden erheben. Vor allem nahe der libyschen Grenze ist die Landschaft spektakulär.

112–113 IN DEN TIEFEN TÄLERN, DIE DIE
BERGE UND HOCHEBENEN DER SAHARA
DURCHFURCHEN, FINDET MAN IMMER WIEDER
MEDITERRANE PFLANZEN, WIE ZUM BEISPIEL
OLIVENBÄUME, OLEANDER ODER ZYPRESSEN.
AM BEMERKENSWERTESTEN SIND DIE
BERÜHMTEN ZYPRESSEN VON TAMRIT IM
TASSILI N'AJJER, LEBENDE FOSSILIEN, DIE
3 000 JAHRE ALT SIND.

114–115 EIN NOMADISIERENDER SCHÄFER IM
ENNEDI. ER BEFINDET SICH MIT SEINEN
DROMEDAREN AUF DEM WEG IN SEIN LAGER,
WOBEI DER DEM BAUMGESÄUMTEN BETT EINES
AUSGETROCKNETEN FLUSSES FOLGT. IN DIESER
REGION GIBT ES EINE RELATIV VIELFÄLTIGE
FLORA, DIE DAS ENNEDI-BERGLAND ZU EINEM
INDIKATOR DER VERWANDLUNG VON DER
WÜSTE ZUR SAVANNE MACHT.

116–117 DIE SCHLUCHT VON ARCHEI NAHE
FADA, DER BEDEUTENDSTEN STADT IM ENNEDI.
DIE SCHLUCHT FÜHRT GANZJÄHRIG WASSER,
DAS FÜR DIE NOMADISIERENDEN HIRTEN
DIESER REGION LEBENSNOTWENDIG IST. SIE
BRINGEN IHR VIEH ZUM TRÄNKEN HIERHER. IN
DEM GUELTA LEBEN KROKODILE, EIN HINWEIS
DARAUF, DASS DAS ENNEDI-BERGLAND EINST
MIT DEM TSCHADSEE VERBUNDEN WAR.

118 WILDPFLANZEN (OBEN) ERGÄNZEN DEN SPEISEPLAN DER NOMADEN, DER WENIG FASERREICH UND KOHLENHYDRATARM IST. DIE PFLANZEN DER SAHARA BESIEDELN – WENN AUCH SPÄRLICH – SELBST DIE STERILSTEN ORTE DER WÜSTE, WIE DIE DÜNEN (UNTEN).

119 DIE PFLANZENARTEN DER SAHARA KONZENTRIEREN SICH UM DIE WENIGEN WASSERSTELLEN ODER AUSGETROCKNETEN FLUSSBETTEN. 60 % DER VEGETATION BESTEHEN AUS BÄUMEN UND STRÄUCHERN, 40 % AUS GRÄSERN UND HÜLSENFRÜCHTEN.

DIE KUNST
ZU ÜBERLEBEN

Die Bewohner der Sahara haben sich den harten Lebensbedingungen angepasst, die in dieser unwirtlichen Region herrschen: Sie haben ihre Lebenszyklen signifikant verändert. Die Tiere suchen Schutz in unterirdischen Bauten, ziehen in andere Gegenden oder passen ihre Lebensweise so an, dass sie der größten Hitze des Tages nicht ausgesetzt sind. Für die Pflanzen, die den verheerenden Auswirkungen des Klimas schutzlos ausgeliefert sind, ist das Leben weitaus schwieriger. In der gesamten Sahara findet man nicht mehr als etwa 1 000 Pflanzenarten. Im Vergleich dazu können in Äquatorialgebieten auf nur 10 000 km² zwischen drei und 4 000 Arten heimisch sein. Die Pflanzen der Sahara müssen vielen schwer wiegenden Problemen gewachsen sein. Sie müssen sich den Gegebenheiten anpassen und Wege finden, um diese Probleme zu überwinden. Wenn es unerwartet regnet, keimen, erblühen und vergehen viele Arten innerhalb eines einzigen Tages. Gemeinsam bilden sie jenen farbenprächtigen Teppich kurzlebiger Vegetation, der das Antlitz der Wüste unvermittelt verändert. Die Nomaden nennen dieses Phänomen *acheb.* Das ungestüme Wachstum dient nur einem Zweck: möglichst viele Samen produzieren. Die Samen können selbst unter der sengenden Wüstensonne noch nach viele Jahren neues Leben hervorbringen. Oft ist jedoch der Regen zu kurz und verwirrt die biologische Uhr der Samen oder der Wind erhebt sich plötzlich und trocknet die jungen Sämlinge aus. Deshalb ist es erforderlich, dass die Pflanzen mehr Samen produzieren als nötig. Gelingt ihnen dies nicht, ist ihre Art vom Aussterben bedroht. Doch selbst bei optimalen Bedingungen bleiben einige Samen inaktiv. Sie warten auf den nächsten viel versprechenden Zyklus.

Manche Pflanzenarten vertrauen ihre Samen dem Wind an. *Citrullus colocynthis,* die Koloquinte, ist ein Kürbisgewächs, dessen Wurzeln die sandige Oberfläche der Wüste bedecken. Die Staude bringt perfekte runde Früchte hervor, die an kleine Melonen erinnern. Sobald die Früchte reif sind, fallen sie ab, trocknen aus und werden extrem leicht. Der Wind verteilt sie, indem er sie wie Wattebällchen über die weiten Ebenen der Sahara rollt. Dabei verbreiten sich die Samen und sichern so das Überleben der Spezies. Das Cram-Cram-Gras bevorzugt eine langsamere, aber sicherere Fortbewegungsart. Seine Samen ruhen in einer Hülle, die mit tückischen Stacheln gespickt ist, die offensichtlich speziell dafür kreiert wurden, sich im Fell von Tieren oder in der Kleidung von Menschen zu verfangen. Jeder Nomadenstamm besitzt unterschiedlich geformte Pinzetten in verschiedenen Größen. Dieses Werkzeug ist unerlässlich, um die hartnäckigen Kletten des Cram-Cram-Grases zu entfernen. Ein unerwünschter Nebeneffekt ist dabei allerdings, dass die Samen der Pflanze überall verbreitet werden.

Anastatica hierochuntica, die Rose von Jericho, ist darauf spezialisiert, den Wind zu ihrem Vorteil zu nutzen. Sie vertrocknet nach der Fruchtreife und ihre dünnen Zweige rollen sich zu einer Kugel zusammen. Die schwachen Wurzeln können die Pflanze nicht am Boden halten und die Rose von Jericho wird eine leichte Beute für den stürmischen Saharawind, der sie entwurzelt und fortträgt. Am Abend, wenn der Wind sich legt, erwacht Anastatica (abgeleitet von dem griechischen Wort „anàstasis“, „Auferstehung“) zu neuem Leben: Die kleinen Zweige nutzen die Feuchte der Nacht und entfalten sich. Die Früchte erholen und öffnen sich und geben ihre Samen frei, damit sie eine neue Kolonie gründen können. Am nächsten Tag überlässt sich die Rose von Jericho erneut dem Wind. Andere Pflanzen, die auf die spärlichen Grundwasserressourcen angewiesen sind, haben tiefreichende und ausladende Wurzeln. Einige Akazienarten, wie Acacia nilotica und A. raddiana, dringen mit ihren unterirdischen Tentakeln Dutzende von Metern in die Tiefe. Manche Dünengräser, wie Danthonia und Aristida pungens, haben ebenfalls lange, jedoch nicht in die Tiefe reichende Wurzeln. Sie nutzen die Kondensation in der Nacht und die gelegentlichen Regenfälle.

120–121 Die runden Früchte von Citrullus colocynthis bilden unerwartete Farbtupfer in den ariden Ebenen der Sahara. Wie Tentakel breiten sich die Wurzeln der Koloquinthe meterweit über den Boden aus, um möglichst viel der nächtlichen Feuchtigkeit aufzunehmen.

121 Im Gegensatz zu anderen Organismen können Pflanzen weder Schutz vor Wind und Sonne suchen noch in Zeiten der Dürre migrieren. Der oftmals grosse Abstand zwischen zwei Pflanzen weist darauf hin, dass jede Pflanze die Wasservorräte ohne Rücksicht auf Konkurrenten optimal nutzen muss.

122 Ein Charakteristikum vieler Xerophyten (Pflanzen, die sich an trockene Standorte angepasst haben) ist die Transformation der Blätter in Dornen. Holzigkeit reduziert die Transpiration, sodass wertvolle Ressourcen gespeichert werden können. Ausserdem sind Dornen ein effektives Mittel, um sich gegen Räuber zu verteidigen.

122–123 Ein Solitär, dessen Oberflächenwurzeln der Wind gebleicht hat. Mit seinen grünen, fleischigen Blättern scheint er der unermesslichen Einöde der Zentralsahara zu trotzen. Im Lauf der Jahrtausende hat er durch immer wieder verbesserte Adaptation gelernt, in der Wüste zu überleben.

124 Käfer gehören zu den wenigen lebenden Organismen, die sich auch am Tage an der sandigen Oberfläche tummeln. Ihr dickes Ektoskelett schützt sie vor der erbarmungslosen Sonne und macht sie gegen die extremen Witterungsbedingungen der Sahara resistent. Es ermöglicht ihnen ausserdem die Flüssigkeiten zu speichern, die sie zum Überleben benötigen.

125 Der Fennek (Fennecus zerda), auch Wüstenfuchs genannt, ist ein nachtaktiver Räuber. Er ernährt sich von kleinen Säugetieren, Vögeln, Reptilien und wenn nötig von Käfern und Skorpionen. Das genügsame Tier (Maximalgewicht 1500 g) kann lange Zeit ohne Wasser überleben.

In der Sahara ist der Überlebenskampf zwischen den verschiedenen Organismen unbarmherzig. Die Abstände zwischen zwei Pflanzen, die man immer wieder beobachten kann, sind kein Produkt des Zufalls. Die Wurzeln bestimmter Arten produzieren toxische und antibiotische Stoffe, die dafür sorgen, dass die Samen der Konkurrenten nicht keimen können. Einige Pflanzen sind mit wächsernen Substanzen überzogen, die ihre Stomas (Spaltöffnungen der Blätter) verschließen und Evaporation verhindern. Andere transformieren ihre Blätter zu Dornen und wieder andere verschließen sich und formen dichte Sträucher mit robusten Blättern, die sie vor der Tageshitze schützen. Einige Arten der Tamariske sondern hygroskopische Salze ab, die die nächtliche Feuchtigkeit an sich binden, sodass die Pflanze für den nächsten Tag genug Wasser zur Verfügung hat. Die Vegetation, mag sie auch noch so spärlich sein, bildet eine essenzielle Grundlage für das Überleben der Tiere. Endemische Arten sind in der Sahara allerdings selten. Man findet hier keine Standvögel und nur drei der 65 Säugetierarten sind endemisch (der Fennek, der Gerbil und die Mendes- oder Addaxantilope), ebenso wie sechs Reptilien- und etwa ein Dutzend Insektenarten. Insekten gehören zu den Organismen, die sich am besten an das Wüstenleben angepasst haben.

Der Schwarzkäfer beispielsweise versteht es, sich auf originelle Art und Weise das wenige Wasser zu verschaffen, das er benötigt. Er steckt seinen Kopf in einen Dünenkamm und präsentiert seinen Hinterleib dem feuchten Nachtwind. Nach und nach sammelt sich die Feuchtigkeit in Tropfen auf seinem Rückenpanzer und diese Tropfen gleiten in die Mundöffnung des Käfers. Grillen, große räuberische Laufkäfer, Skorpione und die schnellen Walzenspinnen sind überwiegend nachtaktiv.

Einige Ameisenarten bedeckt ein silbriger Flaum, der die Sonnenstrahlen reflektiert – ein idealer Sonnenschutz, um bei Tag auf Nahrungssuche gehen zu können. In der Sahara leben etwa 40 verschiedene Reptilienarten. Die Tiere haben in der Regel wasserundurchlässige Schuppen, die sie vor Dehydrierung bewahren. Außerdem sind fast alle Reptilien nachtaktiv und beziehen Wasser und Nahrung über die Insekten und Kaltblüter, die sie verspeisen. Einige Echsen, wie zum Beispiel die Dornschwanzagame und der Sandskink, sind tagaktiv. Die Dornschwanzagame, die bis zu 35 cm lang wird,

speichert Nahrung für Zeiten der Not in ihrem langen, stacheligen Schwanz. Der Sandskink dagegen ist perfekt an das Leben in den Dünen angepasst. Seine aerodynamische Form und seine polierte, glatte Haut erlauben ihm, unter dem Sand wie ein Fisch zu schwimmen. Er spürt darin kleine Arthropoden und Käfer auf, die Schutz vor der sengenden Sonne suchen. Der samtweiche Sandteppich verbirgt jedoch auch weitaus weniger freundliche Kreaturen, wie zum Beispiel die Hornviper (Cerastes cerastes). Halb im Sand vergraben liegt sie vor der Sonne geschützt im Hinterhalt. Wenn Cerastes sich fortbewegt, hinterlässt sie eine unverwechselbare Spur, denn sie bewegt sich seitlich und zeichnet dabei ein charakteristisches S-förmiges Muster in den Sand. Diese Art der Fortbewegung, bei der die Hornviper abwechselnd verschiedene Körperteile vom Untergrund hebt, dient vermutlich dazu, dass die Schlange möglichst wenig in Kontakt mit dem heißen Sand kommt.

In der Wüste müssen die Organismen, die kein Versteck haben, immer in Bewegung bleiben, um zu überleben. Die Vögel scheinen deshalb einen Vorteil gegenüb,er den Kreaturen zu haben, die kriechen oder gehen müssen. Dennoch fristen die etwa 90 Vogelarten, die in der Sahara leben, kein leichtes Dasein. Im Gegensatz zu den Reptilien müssen sie trinken. Dies bedeutet, dass sie weite Strecken auf der Suche nach Wasser zurücklegen müssen. Viele Spezies, wie beispielsweise der Rennkuckuck, verbringen die meiste Zeit am Boden. Stets auf der Suche nach etwas Essbarem ziehen sie durch die Wüste. Alle Vögel leiden unter der großen Tageshitze und nicht immer bietet ihnen ihr Gefieder ausreichend Schutz gegen die extremen Temperaturen. Deshalb sind sie meist zu den kühlsten Tageszeiten aktiv: bei Sonnenauf- und -untergang. Namaqua-Rebhühner und Flughühner, die zuweilen unzutreffend als Wüstenhühner bezeichnet werden, überleben in den trockensten Regionen der Sahara. Sie bedienen sich eines Mechanismus, den es in der Vogelwelt kein zweites Mal gibt. Mit einer isolierenden, subkutanen Hülle, ähnlich einer Luftkammer, trotzen sie der direkten Sonneneinstrahlung. Namaqua-Rebhühner und ihre Küken müssen täglich trinken, doch ihre Nester liegen oft weit entfernt von den Wasserstellen. Die Tiere lösen das Problem, indem sie in das Wasser eintauchen und ihr Brustgefieder voll saugen lassen.

126 OBEN UND 127 LINKS Der Mensch hat die Addaxantilope (links) stark dezimiert. Heute lebt sie nur noch in den Wüsten von Niger und Mauretanien. Die Dorkasgazelle (rechts), das emblematische Tier der Sahara, ist in Libyen weit verbreitet.

126 UNTEN Der Goldschakal (Canis aureus) muss im Gegensatz zum Fennek regelmässig trinken und ist ein Omnivore. Er verschmäht die Kadaver der Tiere nicht, die auf ihrer Wanderung durch die Sahara verendet sind.

127 RECHTS Der Wüstenwaran (Varanus griseus) passt sich den unterschiedlichsten Umgebungen an. Sein bevorzugter Lebensraum sind jedoch ausgetrocknete Flussbetten und vegetationsreiche Gebiete im Allgemeinen. Das flinke, robuste Tier ist tagaktiv und ernährt sich von Reptilien und kleinen Säugetieren, die es mit beeindruckender Behändigkeit fängt.

Die Küken saugen dann so viel Wasser aus dem Gefieder, wie sie benötigen. Für Zugvögel ist die Sahara ein schreckliches Hindernis, das es so schnell wie möglich zu überwinden gilt. Einige Vogelarten können die 1500 km Wüste in nur drei Tagen überqueren. Der Preis für diese Reise ist jedoch hoch. Von den 220 Millionen Schwalben, die jedes Jahr das subtropische Afrika erreichen, kehrt nur ein Drittel nach Europa zurück. Wenn die Vögel die Sahara überqueren, verlieren sie die Hälfte ihres Körpergewichts. Sie sind nicht mehr flugfähig, müssen landen und sterben vor Erschöpfung.

Die meisten Tiere versammeln sich um die wenigen Wasserstellen und Gueltas (Becken, die ganzjährig Wasser führen) in den Bergen. Im Ennedi haben in den Gueltas vereinzelt sogar Krokodile überlebt. Sie trotzen auf wundersame Weise der Desertifikation.

Krokodile sind jedoch nicht die einzigen Relikte aus der Zeit, als die Sahara noch weniger lebensfeindlich war. Die Gewässer der Sahara bieten auch vielen anderen Tierarten eine Heimat, deren Verwandte Seen und Flüsse im tropischen Afrika bevölkern. Fische, Amphibien, Krustazeen, Mollusken und Insekten haben Formen angenommen und Verhaltensweisen entwickelt, die es ihnen ermöglichen, in einer ökologischen Nische zu überleben, die stets vom Austrocknen bedroht ist. Einige Fische, wie die Gattung Clarias, überleben mehrere Wochen oder Monate im Schlamm vergraben. Ihr Körperbau ist einzigartig. Neben den Kiemen hat diese Gattung ein zusätzliches schwammähnliches Organ, das ihr erlaubt, an Land zu atmen. Wenn die Wasserstelle austrocknet, in der Clarias lebt, nutzt der bewegliche Fisch die Kühle der Nacht und kriecht über den Sand, bis er ein neues Wasserloch findet, das ihm entspricht.

Säugetiere greifen auf ausgefeiltere Mechanismen zurück. Die Wüstenspringmaus und die Kängururatte beispielsweise werden in der Regel erst nach Sonnenuntergang aktiv. Tagsüber verstecken sie sich in ihren kühlen Bauten, in denen der Feuchtigkeitsgehalt stets konstant ist. Der Fennek (Fennecus zerda), der kleine Wüstenfuchs, hat riesige Ohren, die nicht nur als perfekte Sensoren für die Jagd hilfreich sind, sondern auch dazu dienen, die Hitze zu dispergieren. Die Dorkasgazelle (Gazella dorcas) und die große Mendes- oder Addaxantilope (Addax nasomaculatus) können monatelang überleben, ohne zu trinken. Wie? Die Erklärung ist ebenso einfach wie beeindruckend: Jedes Lebewesen muss Wasser ausscheiden, um abzukühlen. Wird die Flüssigkeit jedoch nicht schnell genug ersetzt, trocknet der Organismus aus und stirbt. Bei der Addax trifft genau das Gegenteil zu. Sie scheidet zum Abkühlen kein Wasser aus, sondern erhöht ihre Körpertemperatur und verteilt somit die Hitze. Die Addax überlebt Körpertemperaturen über 43 °C, ein Bereich, der für andere Säugetiere tödlich ist. Das Tier hechelt mit offenem Maul Luft in die Nüstern, wodurch Verdunstungskälte entsteht. Nach dem Gegenstromprinzip verteilt sich die Kälte in einem Netz äußerst feiner Adern auf das Blut, das zum Gehirn fließt. Dadurch bleibt die Temperatur im Gehirn niedriger als im übrigen Körper. Die Addax gehört zu den bedrohten Arten und überlebt nur in den entlegendsten Gebieten der Sahara, die von Menschen kaum betreten werden. 1988 richtete die Regierung von Niger per offiziellem Dekret ein Schutzgebiet für die Mendesantilope in der Ténéré ein. Nur eine streng begrenzte Zahl an Menschen und Fahrzeugen darf sich in diesem intakten Reservat aufhalten.

Das Gebiet umfasst mehr als 75 000 km² und ist nicht nur für die Addax ein Refugium, sondern auch für andere bedrohte Tierarten, wie zum Beispiel den Geparden und die Streifenhyäne. In dem Reservat sollen jedoch nicht nur Tiere geschützt, sondern auch die natürlichen Ressourcen der Region sinnvoll genutzt und die Lebensbedingungen der Nomaden verbessert werden. Die Ténéré selbst, eine Wüste inmitten von Wüsten, erlaubt die Vision von der Sahara als Ort des Lebens und als Stätte der Adaption, ein globales Ökosystem, das einer dauerhaften Stabilität entgegensieht.

128 UND 129 Die Sandkatze (Felis margarita) ernährt sich überwiegend von Vögeln, Eidechsen, Insekten und kleinen Säugetieren. Sie ist jedoch so behände, dass sie auch grössere und gefährlichere Tiere jagen kann, wie diese Hornviper (Cerastes cerastes), deren Biss tödlich ist.

130 UND 131 Mit raschen wellenartigen Bewegungen vergräbt sich die Hornviper im Sand. Nur die Augen und die Oberseite des Kopfes bleiben an der Oberfläche.

132–133 Ein geschickter, ruheloser Jäger: der Karakal (Caracal caracal), auch als Wüstenluchs bekannt. Das Tier wird bis zu 18 kg schwer.

133 Ein Petri's Dünnfingergecko (Stenodactylus petrii) auf der Suche nach Insekten und Spinnen. Sein Nachtsehvermögen ist hervorragend ausgebildet.

DAS SONNENGESCHLECHT

134 UND 135 Die Gesichter der Menschen der Sahara spiegeln Traditionen und Kulturen wider, die das harte Leben in der Wüste im Verlauf von Jahrtausenden hervorgebracht hat.

136 Die signifikanten Gesteinslinien im Erg Uan Kasa, im libyschen Fessan, gehören zu den Mysterien der Sahara. Vielleicht handelt es sich dabei um eine Nekropole aus dem Neolithikum.

137 Die ständige Bewegung des Sandes fördert oftmals Zeugnisse der Vergangenheit zutage: vorislamische Gräber, wie dieses südlich von Djanet (links), Steinwerkzeuge, fotografiert in der ägyptischen Wüste (Mitte) oder neolithische Schleifsteine in der Ténéré (rechts).

DIE ERSTEN BEWOHNER DER SAHARA

Die Wüste war nicht immer unbewohnt. Spuren längst vergangener Zivilisationen tauchen immer wieder aus dem Dunkel der Vergangenheit auf. Diese Kulturen erlebten ihre Blütezeit, als die Sahara noch fruchtbar war. Vor etwa 5000 Jahren begann sich das Umland auszubreiten. Die Bewohner der Sahara waren gezwungen, Schutz in den Bergen zu suchen. In diesem riesigen Freiluftmuseum haben Schamanen tausende von Malereien und Gravierungen an den Sandsteinwänden hinterlassen: maskierte Tänzer, epische Darstellungen von Elefanten- und Büffeljagden und anmutige Profile gefleckter Rinder. Dann verwandelte sich die Sahara in einen Ort, an dem der Mensch nur Verlierer sein konnte. Dies war die Geburtsstunde des Nomadismus. Die heutigen Wüstenbewohner, nomadisierende Hirten, die Dromedar-, Rinder- und Ziegenherden weiden, sind die letzten Helden in diesem jahrtausendealten Epos.

Trockenheit und das Verschwinden von Tier- und Pflanzenarten, das alle Epochen kennzeichnet, haben die Population Westafrikas direkt beeinflusst. Mit Ausnahme der Epoche des Neolithikums lassen sich die Migrationen nur schwer

datieren. Sicher ist jedoch, dass die Menschen in den vergangenen 2 Millionen Jahren, ab dem frühen Pleistozän, die Sahara nie ganz aufgegeben haben. Den Beweis dafür liefern unzählige Steinwerkzeuge, die über die Wüste verstreut sind. Die ältesten Werkzeuge hat man in Algerien entdeckt. Sie sind 1,5 Millionen Jahre alt.

Man weiß jedoch nicht, wer sie geschaffen hat, denn sterbliche Überreste von Menschen aus dieser Zeit sind in der Sahara überaus selten. Jüngere Artefakte, die mit einer vergleichbaren, jedoch bereits weiter entwickelten Technik gefertigt wurden, zeigen Spuren einer beidseitigen Bearbeitung. Sie sind die Vorboten eines neuen Werkzeugs: des eleganten Faustkeils.

Der Homo sapiens begann schließlich vor etwa 60 000 Jahren, Miniatursteingeräte anzufertigen und immer ausgefeiltere Techniken zu entwickeln. Dies gipfelte im so genannten Atérien (abgeleitet von einer algerischen Region). Der Faustkeil wurde nach und nach von verbesserten

Werkzeugen verdrängt: Schaber, Kratzer, Pfrieme, durchbrochene Klingen, Kernsteine und kugelige Hammer aus Stein.

Die Werkzeuge des Atérien fanden in der gesamten Sahara Absatz und sind hinsichtlich ihrer Ausführung einzigartig. Die Datierung dieser Epoche hat zu heftigen Kontroversen geführt. Vielleicht sollte man sich auf die Koexistenz von Stilen und unterschiedlichen Menschengruppen einigen, die sich stetig weiterentwickelten.

Vor etwa 40 000 Jahren, als die Sahara noch ein fruchtbarer, wasserreicher Landstrich mit vielen Pflanzen- und Tierarten war, begann das Atérien. Die Ureinwohner der Sahara, die davon lebten, Nahrungsmittel zu plündern und wilde Früchte zu sammeln, wurden nach und nach zu Jägern und entwickelten neue Modelle sozialer Strukturen. Man hat in der Libyschen Wüste die Überreste eines Lagers aus dem Atérien untersucht und dabei festgestellt, dass die Jäger eine reiche Auswahl an Beutetieren hatten. Die Stätte hat die sterblichen Überreste geschlachteter Nashörner, Zebras, Gazellen, Warzenschweine, Strauße, Schildkröten und verschiedener Vogelarten preisgegeben. Man darf außerdem annehmen, dass die Menschen des mysteriösen Atérien eine Art Landwirtschaft betrieben, indem sie Nutzpflanzen kultivierten. Mit dem Einsetzen einer extremen Dürreperiode vor etwa 20 000 Jahren verschwand die Atérienkultur plötzlich. Das Vordringen der Wüste zwang die Bewohner der Sahara, sich in weniger feindliche Gebiete zurückziehen, vielleicht in den Sahal oder an die nördlichen Küstenregionen.

Die Trockenzeit dauerte bis zum Beginn des Holozäns vor etwa 10 000 Jahren. Dann begannen die Flüsse wieder zu fließen und die Seen füllten sich noch einmal. Pflanzen und Tiere besiedelten die Sahara nach und nach wieder, gefolgt vom Menschen.

138 Dieser Kromlech und einige andere Konstruktionen der religiösen Stätte Nabta Playa (Ägypten) datieren aus derselben Zeit wie die europäischen Megalithmonumente, wie zum Beispiel Stonehenge.

139 OBEN Das Foto zeigt die Überreste einer Moschee. Darauf weist die Nische (Mihrab) gegenüber dem Eingang hin, die in Richtung Mekka zeigt.

139 UNTEN Vorislamische Gräber bestehen oft aus einem zentralen Tumulus, den konzentrische Steinringe umgeben, die gelegentlich nach Osten offen sind.

Über verschiedene Routen strömten die Menschen aus Guinea, dem Niltal und Nordafrika in die Sahara. Über diese Gruppen und ihren Lebensstil ist nichts Näheres bekannt. Es scheint jedoch zu drastischen ökonomischen und sozialen Änderungen gekommen zu sein. Die viel versprechenden Umweltbedingungen, müssen die Veränderungen begünstigt haben, die bereits eingeleitet waren und ins Neolithikum mündeten. Es wäre jedoch gewagt, die Zivilisation der Sahara in evolutionäre Stufen zu unterteilen. Man sollte sich vielleicht besser ein dynamisches System vorstellen, bestehend aus offenen soziokulturellen Gruppen, die in ständiger Interaktion standen. Hirten, Jäger, Sammler und eine Art Bauer existierten nebeneinander und ergänzten sich. Noch heute findet man all diese fundamentalen Lebensstile in Afrika. Deshalb ist es sinnvoll, sich ein Mosaik verschiedener Völker vorzustellen, die eine gemeinsame Tradition verband und Produktionssysteme entwickelten und vermischten, die sich auf die jeweiligen natürlichen Gegebenheiten gründeten. Innerhalb weniger tausend Jahre hatten sich unzählige Bevölkerungsgruppen in der gesamten Sahara etabliert. Inzwischen war die Technik der Steinbearbeitung hoch entwickelt (es gab bereits Mikrolithe), man praktizierte Bestattungsrituale und wetteiferte um die Kontrolle über die Ressourcen. Die Jungsteinzeit unterscheidet sich von der Alt- und Mittelsteinzeit durch die Steingeräte. Während man in Letztgenannten nur behauene und retuschierte, durch Druck und Schlag gefertigte Steingeräte herstellte, sind die Werkzeuge des Neolithikums zusätzlich geschliffen und oft durchbohrt. Man verwendete außerdem andere Gesteinsarten, die feiner und seltener waren, wie zum Beispiel durchscheinenden Quarz und farbigen Jaspis. Für die Produktion von Mikrolithen entwarf man reguläre geometrische Formen, die man auf Griffe aus Holz oder Knochen steckte. Die Erkenntnis, dass sich verschiedene Materialien miteinander verbinden lassen, bedeutete einen weiteren Fortschritt für die Menschen.

Auch Pfeil und Bogen, die in Felsmalereien der Sahara immer wieder dargestellt sind, kamen vermutlich in jener Epoche auf. Die Zeit war reif für die „neolithische Revolution". Tatsächlich handelt es sich dabei nicht um einen plötzlichen Wendepunkt, sondern um komplexe wirtschaftliche Umwälzungen, die in bestimmten Gebiet zum Tragen kamen. Man sollte daher vielleicht vom Ténéré-, vom Capsien- (nach dem Fundort Gafsa in Tunesien), vom Sudan-Neolithikum und so weiter sprechen. Damit würde

man sich auf die Zivilisationen konzentrieren, die originär waren und sich gegenseitig beeinflussten. Diese Zeit brachte eine neue Kunstform hervor. Man stellte erstmals Tongefäße mit unterschiedlichem Design her, die dekoriert wurden und verschiedenen Zwecken dienten. Straußeneier wurden zu Scheiben geformt, durchbohrt und für Halsketten oder Ornamente verwendet, die man mit Knochen, Elfenbein und Amazonitperlen verzierte. Immer ausgefeiltere Techniken waren auf dem Vormarsch, die Ausdruck in verblüffenden Objekten fanden. Diese unglaublich kreative Zeit dauerte etwa vom 5. bis zum 1. Jahrtausend v. Chr. Kennzeichnend waren der Triumph der Haustierhaltung, der Anbau von Kulturpflanzen und der Ackerbau mit dem Pflug. Das Leben der Bewohner der Sahara hatte sich drastisch verändert. Die Gemeinschaften wurden größer und der Besitz von Viehherden, vor allem von Rindern, verlangte die Anpassung an saisonale Gegebenheiten. Man musste von Weide zu Weide ziehen, was eine neue Lebensweise mit sich brachte: Sesshaftigkeit und Nomadismus wechselten einander ab.

Nachdem grundsätzliche Fragen geklärt waren, konnte man sich abstrakteren Dingen zuwenden: Ritualen und der Kunst. Davon zeugen nicht nur tausende von Gravierungen und die reizenden Felsbilder, die die Sahara zu einem riesigen Freilichtmuseum machen, sondern auch die unzähligen bauchigen Statuetten, die Rinder, Gazellen und Widder porträtieren. Schleif- und Mahlsteine weisen darauf hin, dass mineralische und pflanzliche Substanzen zerstoßen wurden, aus denen man Farbstoffe und medizinische Pulver gewann. Die Menschen bemalten ihre Körper und kodifizierten magisch-religiöse Praktiken in einer Art Liturgie. Die Vielzahl dieser Objekte in Verbindung mit Schaufeln und anderen Grabwerkzeugen, die man entdeckt hat, könnte auf einen weitaus wichtigeren Fakt hinweisen: Die Sahara ist eine Wiege der Agrikultur.

Ab etwa 3000 v. Chr. machte die rapide fortschreitende Verödung jegliche Weiterentwicklung zunichte. Im Süden und in den Bergen, wo es noch immer genug Wasser für das Vieh gab, verlief die Emigration der Menschen schleichend, aber unaufhaltsam. Die Wüste wurde jedoch nicht vollständig aufgegeben. Es kam immer wieder zu saisonalen Migrationswellen, die Sahara blieb eine Passage und ein Handelsweg etablierte sich. Der Karawanenhandel hat seine Wurzeln in dieser dunklen Zeit, als es noch keine geschriebene Geschichte gab und noch keine Archäologen, die auf der Suche nach Artefakten waren.

140 Felsgravierung zweier riesiger Giraffen im Aïr. Der Künstler hat bei der Ausführung grosse Sorgfalt walten lassen.

141 **OBEN LINKS** Im Wadi Mathandous im libyschen Fessan findet man aussergewöhnliche Felsgravierungen, wie dieses Profil eines pferdeartigen Tieres, bei dem es sich vielleicht um einen Wildesel handelt.

DAS GRÖSSTE
MUSEUM DER WELT

Zehntausende von Gravierungen und Malereien wurden in der gesamten Sahara katalogisiert. Die meisten findet man jedoch in den Bergen, im Herzen der Wüste, wo sich größere und dauerhaftere Kolonien etabliert hatten: im Hoggar, Tibesti, Ennedi, Aïr und Tassili N'Ajjer an der südlichen Grenze zwischen Libyen und Algerien.

Die besonderen klimatischen Bedingungen und das Material, das bearbeitet wurde, sind nicht die einzigen Gründe für die Vielzahl der Stätten oder ihre Konzentration in bestimmten Gebieten. In Jabbaren im Tassili N'Ajjer bedecken über 5000 Felsbilder unterschiedlicher Stilrichtungen eine quadratische Fläche von 600 m. Wie so viele andere, war Jabbaren möglicherweise ein heiliger Ort.

Aus dieser Perspektive betrachtet, werden die Berge der Sahara zu Kathedralen, Heiligtümer, die dazu geschaffen wurden, religiöse und magische Rituale zu übermitteln. Die religiöse Topographie in der Sahara ist relativ präzise. Bilder, die sich zum Teil überlappen, füllen nur eine Wand, während angrenzende Wände leer blieben, die sich ebenso zum Bemalen geeignet hätten.

Wer war verantwortlich für die Malereien und Gravierungen? Weshalb und was wurde gemalt? Die Deutung, man habe die Realität darstellen wollen, erklärt nur unzureichend die unbegreifliche Vielzahl der Funde. Neuere Theorien scheinen eher zuzutreffen, wenngleich auch sie nur unvollständige Erklärungen liefern. Vielleicht stellten die antiken Künstler etwas dar, das man nicht sehen konnte, das nur in ihren Köpfen existierte. In diesem Fall wären die Bilder spirituelle Metaphern, geschaffen von Menschen, die mit bestimmten Riten vertraut waren, die letzten Jäger und Sammler.

Vor kurzem hat man menschliche Schädel entdeckt, die anthropometrisch jenen der San in der Kalahari ähnlich sind. Diese Funde deuten darauf hin, dass die San einst in der Sahara lebten. Andererseits gibt es überall in West- und Zentralafrika Eingeborene von kleiner Statur, die vor den Gruppen existierten, die Niederlassungen im Kongo und im Sudan gründeten.

Ein Beispiel dafür sind die Tellem, die in den Höhlen von Bandiagara lebten, im Gebiet der heutigen Dogon. Sie waren Schamanen, die sich mit sorgfältig gewählten Methoden oder mithilfe von Halluzinogenen in Trance ver-

141 **OBEN RECHTS** Diese Gravierung zeigt den grossen Altbüffel, Bubalus antiquus, Symbol der Stärke und Macht.

141 **UNTEN** Das Alter der Gravierungen im Wadi Mathandous lässt sich nur schwer bestimmen, da man an der Stätte keine organischen Funde gemacht hat. Das Foto zeigt ein Rind mit ausladenden Hörnern.

142 LINKS UND RECHTS GIRAFFEN, STRAUSSE UND ANDERE NICHT ZU DEUTENDE FIGUREN BEDECKEN DIE FELSEN IM WADI MATHANDOUS. WILDE TIERE GEHÖREN ZU DEN BELIEBTESTEN THEMEN DER ÄLTESTEN DARSTELLUNGEN IN DER SAHARA, EINE ART DES AUSDRUCKS FÜR EINE FRÜHE ZIVILISATION DER JÄGER UND SAMMLER.

143 OBEN DIE BERÜHMTEN KÄMPFENDEN KATZEN IM WADI MATHANDOUS. SIE GEHÖREN ZU DEN ERSTEN FELSGRAVIERUNGEN DER SAHARA, DIE MAN GEMÄSS WISSENSCHAFTLICHEN KRITERIEN UNTERSUCHT HAT.

143 UNTEN EIN EINZELNES NILPFERD THRONT AN EINER FELSWAND IM WADI MATHANDOUS. IM GEGENSATZ ZU EUROPÄISCHEN FELSMALEREIEN, DIE MAN IN DER REGEL IN GROTTEN ODER HÖHLEN FINDET, ZIEREN DIE GRAVUREN IN DER SAHARA OFFENE FLÄCHEN ODER FELSSPALTEN, DIE DURCH EROSION ENTSTANDEN SIND.

setzen konnten und die Macht hatten, in die spirituelle Welt zu reisen. Für die nomadisierende Hirten und die sesshaften landwirtschaftlichen Gemeinschaften, die in den Tälern fernab der heiligen Orte lebten, nahmen die Tellem – wie eine Priesterkaste – Kontakt zu den übernatürlichen Mächten auf. In vorkolonialen Zeiten waren ähnliche Praktiken in ganz Afrika weit verbreitet. Die Xhosa in Südafrika bedienten sich der Buschmänner als Wahrsager und die Tutsi in Ruanda machen das Gleiche noch heute mit den Pygmäen.

Felsmalereien der Sahara von Schamanenhand stammen. Viele Bilder mögen rein erzieherischen Zwecken gedient oder einfach zur Außenwelt gehört haben, andere fordern jedoch eine besondere Interpretation, die verborgene Türen in die magisch-symbolische Welt öffnet.

Grundsätzlich sind fünf künstlerische Zyklen zu erkennen, die lokale Abweichungen aufweisen. Sie unterscheiden sich anhand der Themen und des Stils. Der älteste Zyklus wird „Bubalus"-Stil oder „Stil des großen wilden Tieres" genannt. Seine Wurzeln liegen in einer paläolithischen Existenz, die sich auf die Jagd gründete. Das vorherrschende Tier ist Bubalus antiquus, der große ausgestorbene Altbüffel. Daneben sind Elefanten, Nilpferde, Nashörner, Giraffen, Katzen und all die anderen prächtigen Tiere Afrikas dargestellt. Jagdszenen zeigen oftmals Jäger, die wilde Tiere aufspüren oder fangen. Sie haben Köpfe mit Schnäbeln und ein zoomorphes Aussehen.

Die Samburu, Hirten in Kenia, wenden sich an die Okiek, Jäger, wenn es um Beschneidungsriten geht. Menschen in Trance haben ein verändertes Wahrnehmungsvermögen. Der Geist wird befreit und tritt in Kontakt mit dem Übernatürlichen – eine Reise in die jenseitige Welt. Der Geist eines Tieres oder eines legendären Vorfahren kann in den Schamanen fahren, der Aussehen und Macht des Verstorbenen übernimmt.

Mithilfe dieser übernatürlichen Kraft können Krankheiten kuriert, Dämonen ausgetrieben und die Disharmonie auf Erden in Einklang mit der kosmischen Ordnung gebracht werden. Die Identifikation mit dem mystischen Wesen wird oft mit Masken und Frisuren unterstrichen, typische Elemente der „Rundkopf"-Kunst. Viele Darstellungen aus dieser Zeit zeigen Personen in ungewöhnlicher Körperhaltung, mit nach hinten gebogenem Rumpf und fliegend. Diese Szenen erinnern an die physischen Auswirkungen der Trance und scheinen zu bestätigen, dass die

Zu dieser Zeit dominiert die Gravierung. Gelegentlich sind die Darstellungen relativ ausgedehnt und auf einem Untergrund in der freien Natur verewigt. Einige Figuren sind gigantisch, wie die zwölf Giraffen von Ti-n-Tehad (Wadi Djerat, Tassili N'Ajjer), von denen die größte ist 11,5 m hoch ist. Die Arbeiten der „Bubalus"-Periode belegen bemerkenswerte technische Fertigkeiten.

Die eingravierte Konturlinie verläuft ohne Unterbrechung, die Hohlkehle ist in der Regel tief und wurde geglättet. Manchmal sind in den Tierkörper Tupfen gehämmert, die (geflecktes) Fell imitieren. Andere Gravierungen zeigen monströse Kreaturen, Paarungen mit Tieren und surreale Jagden.

Elefanten auf zwei Beinen beispielsweise werden angetrieben von einer Person mit einem Strick. In In Habeter (Libyen) gibt es ein Bild von einem Nashorn, das gefangen ist und auf einem Bein von einer Kreatur mit einem Hundekopf gezogen wird.

144 Die herrlichen Abbildungen afrikanischer Frauen in Niola Doa im Tschad (oben) erzählen ebenso die Geschichte der Sahara, wie die im Wadi Mathandous dargestellten Rinder und Elefanten (Mitte und unten).

145 Das Wadi Terarart nähe Djanet ist bekannt für die Darstellungen verschiedener Rinder, die offensichtlich trinken. Die Mäuler der Tiere weisen in Richtung einer Senke, die einst mit Wasser gefüllt gewesen sein muss.

146–147 Zu den beliebtesten Darstellungen im Wadi Mathandous gehören Giraffen, die oftmals in Herden abgebildet sind. Lokale Gravierungen umfassen ausserdem Inschriften in der antiken Schrift der Berber, dem Tifinagh.

148 UND 149 Galoppierende Pferde beleben die Felswände von Terkei im Tschad (148 oben). Ein Meisterwerk der „Rundkopf"-Kunst ist der Grosse Gott von Sefar im Tassili N'Ajjer. Die Darstellung ist 3 m hoch (148 unten). Maskierte Krieger wechseln sich an den Felswänden im Tadrart Acacus (149 links und mitte) mit jüngeren Malereien ab, die menschliche Figuren zeigen (149 rechts), deren Kopf auf eine einfache Linie reduziert ist.

150–151 Diese grosse bemalte Felswand im Acacus dominieren Darstellungen der so genannten Kamel-Periode, die mit Inschriften in Tifinagh verbunden sind.

Die „Rundkopf"-Kunst lässt sich eindeutig bestimmten Regionen der Sahara zuordnen: Tassili, Tadrart und Ennedi. Die Malerei hat hier die Gravierung verdrängt und neue Möglichkeiten des künstlerischen Ausdrucks geschaffen. Die dominanten Darstellungen dieses Zyklus sind nur vage angedeutete, anthropomorphe Kreaturen, aus denen merkwürdige Wülste und Fortsätze ragen. Die Figuren sind zum Teil gigantisch. Sie haben runde Köpfe ohne spezifische Gesichtszüge. Neben diesen Figuren zieren mysteriöse Symbole die Felswände des Tassili und des Tadrart: einfache und doppelte Spiralen, Linien, die Objekte umgeben und sich davon wegschlängeln, und Handabdrücke. Das bekannteste Beispiel der „Rundkopf"-Kunst findet man auf dem Sandsteinfels von Sefar. Der Große Gott thront majestätisch inmitten von mehr als 50 Bildern, die zu unterschiedlichen Zeiten entstanden sind. Er ist 3 m hoch und seine Arme sind geöffnet, als ob er die Menge betender Frauen in

sich aufnehmen wolle. Die Köpfe der klatschenden oder schwebenden Frauen sind unter einem Kopfschmuck verborgen. In ihrer Endphase verändert sich die „Rundkopf"-Kunst grundlegend. Wilde Tiere werden kleiner, Menschen detaillierter dargestellt. Helmschmuck und zierliche Frisuren ersetzen nach und nach die kugelrunden Helme.

Weitere Veränderungen zeichnen sich ab, nicht nur bezüglich des Klimas. Eine neue sozioökonomische Ordnung erscheint am Horizont. Dies ist das Zeitalter der Hirten. Rinder, Grundlage des wirtschaftlichen Wohlstandes jeder Gruppe, ersetzen die wilden Tiere und werden zum neuen Symbol der Macht. Abbildungen von Rindern sind äußerst detailliert und einzelne Tiere lassen sich voneinander unterscheiden. Zahlreiche Darstellungen zeigen den Alltag. In Iheren, im nördlichen Tassili, bedeckt eine riesige Schafherde den Raum zwischen den Hütten, während die Dorfbewohner ihren täglichen Pflichten nachgehen. Das magisch-rituelle Element wird weniger deutlich als zur Zeit der „Rundkopf"-Kunst, wenngleich man auch hier schwebende Figuren erkennt, ebenso wie Paarungsszenen mit maskierten anthropomorphen Kreaturen

und mysteriöse Figuren mit Vogelköpfen, die eindeutig an das alte Ägypten erinnern.

Im 3. Jahrtausend v. Chr. erlebte die Sahara ihren letzten Desertifikationszyklus. Flüsse und Seen trockneten aus und wurden nach und nach Opfer der Wüste. Die Hirtengesellschaft durchlebte eine Krise. Der Exodus der Bewohner der Sahara setzte ein. Die Menschen wanderten in benachbarte Gebiete ab, in denen das Klima ein besseres Leben für Mensch und Tier ermöglichte. Erstmals sind Pferde in den Felsbildern zu erkennen, in Ägypten um 1500 v. Chr. aus Asien eingeführt. Fast immer sind die Pferde vor zweirädrige Streitwagen gespannt, dargestellt in fliegendem Galopp. Oftmals sind Menschen auf den Wagen zu erkennen, skizziert mit wenigen geometrischen Linien. Die einfarbigen Bilder sind in einem bräunlich roten Ton gehalten. Mit dem Wegzug der Hirten und ihrer Herden, nimmt auch die Vielfalt an Themen und Stilrichtungen langsam ab. Die Periode der Pferde verliert sich nach und nach in den Nebeln der Zeit. Nun entstehen die ersten Inschriften neben den Bildern. Sie sind in Tifinagh verewigt, der Schrift der alten Berber.

Mit Beginn der christlichen Zeitrechnung muss das Pferd dem Dromedar weichen, dem einzigen domestizierten Tier, das in einem Gebiet überleben konnte, das zu einer Wüste geworden war, unfruchtbar und menschenfeindlich. Die Qualität der Malereien und Gravierungen lässt weiter nach und ist gelegentlich auf wenige, schwach skizzierte Konturlinien beschränkt. Die Zeit des Dromedars dauerte beinahe bis heute an. Abgesehen davon, dass der Mensch versucht hat, seine Spuren in der Zeitgeschichte zu hinterlassen, gab es offensichtlich jedoch keine weiteren Vorkommnisse von Bedeutung.

DIE MENSCHEN
der SAHARA

Heute leben etwa 3 Millionen Menschen in der Sahara. Die Bevölkerung besteht aus Nomaden und den sesshaften Völkern der Oasen, die vielleicht von den ersten Berbern und von Schwarzen abstammen, die im ausgehenden Neolithikum bedeutend waren. Mit Beginn der letzten Phase der Desertifikation, kam es innerhalb der verschiedenen Gemeinschaften zu unkoordinierten Völkerwanderungen durch das riesige Territorium der Sahara. Der rasche Verfall der Natur löste unzählige Migrationen über kurze Strecken aus. Die verschiedenen Bevölkerungsgruppen vermischten sich und teilten sich in Stämme und Unterstämme auf, in Konföderationen und Familien, deren Größe sich überraschend verändern konnte.

Es bestand zweifellos Kontakt zur mediterranen Welt und zum Niltal. Der Nomadismus wurde zu einer Notwendigkeit in diesem Szenario permanenter Migration, Rückkehr und erneuter Migration. Die Bauern versammelten sich an den Orten, an denen es noch immer Wasser im Überfluss gab und der Boden fruchtbar war. Den Hirten blieben nur jene Gebiete, die nicht kultiviert werden konnten, aber ausreichend Weideland boten. Nach und nach wurden die Hirten aus den Dörfern vertrieben und über das gesamte Territorium verstreut. Diese

Ereignisse in längst vergangener Zeit führten dazu, dass die ethnische und philosophische Kultur des Nomadentums entstand, darunter der Kult der persönlichen Freiheit, Enthaltsamkeit, Abneigung gegenüber Gesetzen und Verboten und die zwanghafte Bindung an das Vieh. Dies gilt für die Stämme der Tuareg, der Tubu und der Berber in der westlichen Sahara ebenso wie für die Fulbe, deren ursprüngliche Herkunft aus der Sahara nicht länger in Zweifel gezogen wird.

Die klassische Literatur verweist mit fantastischen Namen auf die Stammväter dieser und anderer Völker: Nasamonen, Gaetuler, Numider, Ataranten, äthiopische Troglodyten, Augilae. Die Expansion der Araber in den Maghreb und der umfassende Transsaharahandel haben das Puzzle noch komplizierter gemacht, denn beides führte zu weiteren Vermischungen und Abspaltungen. Im Norden und in der Zentralsahara ließen sich neue Gruppen nieder. Sie waren getrieben von Zelotismus, wie die Mozabiten, oder hatten sich, wie die Chaamba-Beduinen, auf systematische Raubzüge spezialisiert.

Noch heute müssen sich die Menschen der Sahara immer wieder tief greifenden Veränderungen anpassen: Politische und wirtschaftliche Mächte belasten dieses komplexe Kultur- und Völkermosaik stets aufs Neue.

153 OBEN Ein Tuaregkind aus Djanet (links), eine junge Berberin und ein Berber (Mitte und rechts). Neben der ethnischen Affinität verbindet die Nomaden der Sahara auch immer stärker die Marginalexistenz.

153 UNTEN Im Gegensatz zur Mehrheit der Hirtengesellschaften hat das Vieh für die Berber keine große kulturelle Bedeutung. Es wird vielmehr wegen seines wirtschaftlichen Wertes geschätzt.

154 LINKS UND RECHTS
GELEGENTLICH UNTERBRECHEN FESTE UND
FEIERTAGE DIE MONOTONIE DES
WÜSTENALLTAGS DER TUAREG. IM
BRENNPUNKT STEHEN DABEI IN ERSTER LINIE
DROMEDARRENNEN, EINE AUSGEZEICHNETE
GELEGENHEIT, UM DER ÖFFENTLICHKEIT SEINE
REITFERTIGKEITEN ZU PRÄSENTIEREN.

155 DER TAGOULMOUST, DER DRAPIERTE GESICHTSSCHLEIER, DEN ERWACHSENE TUAREG TRAGEN, KANN BIS ZU 5 M LANG SEIN. AM BELIEBTESTEN SIND DIE SCHLEIER, DIE MIT NATÜRLICHEM INDIGO GEFÄRBT WURDEN, SODASS DIE HAUT IN DEM ERWÜNSCHTEN BLÄULICHEN TON SCHIMMERT. ES GILT ALS UNGEHOBELT, SEIN GESICHT EINEM FREMDEN ZU ZEIGEN.

DIE BERBER UND DIE TUAREG

Eine große Bevölkerungsgruppe der Sahara hebt sich von den anderen ab. Innerhalb der Gruppe gibt es zwar Unterschiede, die Sprache ist jedoch stets ähnlich. Die Rede ist von den Berbern. Die Araber haben die weißen Bevölkerungsgruppen Nordafrikas unter dieser Bezeichnung zusammengefasst, die sich im allgemeinen Sprachgebrauch etabliert hat. Zu den bedeutendsten Berberstämmen gehören die Tuareg der Sahara und des Sahel, die Bergvölker des Hohen Atlas (Marokko), die Kabylen (Algerien), die Mozabiten, Bewohner der Oasen von Touat und Tidikelt (Algerien) und von Gadames (Libyen) sowie die Zenaga (Mauretanien).

Die bekanntesten Bewohner der Sahara sind zweifellos die Tuareg. Die ersten europäischen Forscher, die die Sahara bereisten, waren geblendet vom Mythos der „Blauen Ritter", Herrscher über unzugängliche Orte und grausame Plünderer. Der Brauch, das Gesicht zu verschleiern, nährte die Aura des Mystischen, die sie umgab. Die Herkunft der Tuareg war lange Zeit Gegenstand romantischer Spekulationen, sollte sich jedoch als durchaus nüchtern erweisen. Zwischen dem 7. und dem 9. Jahrhundert überrollten Invasionswellen der Araber Nordafrika. Die meisten Berberstämme beugten sich den neuen Herrschern und bekannten sich zum Islam. Einige Gruppen unterwarfen sich jedoch nicht. Sie bewahrten ihr Brauchtum, ihre Sprache und ihre traditionelle Sozialstruktur. Die Araber gaben diesen Menschen den Namen Tawarik, „von Gott verlassen". Die Tawarik oder Tuareg mussten sich in die entlegensten Gebiete der Sahara zurückziehen, um dem Zugriff der neuen Landesherren zu entgehen.

Der Nomadismus auf Grundlage der Zucht und des Einsatzes von Dromedaren als Reit- und Packtiere wurde zur Lebensform der Tuareg.

Dadurch konnten sie ihre Unabhängigkeit bewahren und den Karawanenhandel kontrollieren, der sich ab dem 12. Jahrhundert zwischen dem Mittelmeerraum und Schwarzafrika entwickelte. Zu jener Zeit ließen sich die verschiedenen Stämme, die inzwischen eine Konföderation gebildet hatten, in weiten Teilen der Sahara nieder und dehnten ihren Einfluss bis in den äußersten Süden der Wüste aus. Jahrhundertelang basierte der Wohlstand der Tuareg auf Überfällen und Wegezöllen, die sie den Karawanen auferlegten, die auf den endlosen Wegen der Sahara reisten.

Mit der Ankunft der Franzosen sollten sich die Spielregeln jedoch unvermittelt ändern: Die Abschaffung der Sklaverei und der Niedergang des Transsahara-Handels erschütterten die traditionelle Gesellschaftsstruktur, die sich auf ein striktes Kastenwesen stützte, in ihren Grundfesten. Die Herren der Wüste mussten hilflos mitansehen, wie ihnen ihre Lebensgrundlage entzogen wurde.

Im heutigen Gebiet der Tuareg leben etwa 300 000 Menschen. Es erstreckt sich über eine Fläche von der doppelten Größe Westeuropas und umfasst weite Teile von Niger, Mali, Algerien und Libyen.

Die Gesellschaft besteht aus Kel, Stämmen, die sich in verschiedenen Regionen niedergelassen haben, die zum Teil extrem weit auseinander liegen. Noch heute herrscht innerhalb der Kel die gleiche Sozialstruktur wie seit Urzeiten und es wird noch immer die gleiche Sprache gesprochen: Tamashek oder Tamahaq. Man unterscheidet sechs große Gruppen, die nach dem Gebiet benannt sind, in dem sie leben. Die Kel Ahaggar oder Hoggartuareg leben im Atakor und in dessen ausgedehnten Ebenen. Die Kel Ajjer leben im Tassili N'Ajjer und auf dem angrenzenden Fadnoun-Plateau.

156 Die Sprache dieser marokkanischen Berberin ähnelt stark dem Idiom der meisten Völker in der westlichen und der Zentralsahara.

157 OBEN Junge Berber leben in einer streng hierarchischen, aber gleichzeitig flexiblen Gesellschaft. Leistung steht in engem Zusammenhang mit dem sozialen Aufstieg.

157 UNTEN Die Frauen der Tuareg tragen keinen Schleier und betonen ihre Schönheit gern mit Make-up aus pulverisiertem Ocker.

158–159 Eine Berberin aus Marokko stillt ihre Tochter, während ihre Begleiterinnen Mandeln abziehen. Die Frauen geniessen in der Gesellschaft grosse Autonomie.

Die Kel Aïr leben im Aïr (Niger). Südlich von Agades liegt das Territorium der Kel Gress. Hier gibt es ausreichend Wasser und Weideland, um Viehzucht zu betreiben. Die Kel Iforas leben im Adrar des Iforas (Mali). Die Kel Timbuktu, die auch als Flusstuareg bekannt sind, nomadisieren an den Ufern des Niger.

Die Großfamilie bildet die Grundlage der Gesellschaft der Tuareg. Die verschiedenen Familien sind in Klans unterteilt, an deren Spitze die Adligen (Imoshag) stehen. Einst waren sie Krieger, heute sind sie Kameltreiber. Auf der nächsten Stufe stehen die Vasallen (Imghad), die nicht von reiner Abstammung sind und wertlose Schafe züchten.

Die unterste Stufe bilden die negriden Sklaven (Izeggaren), Bauern in den Oasen und Hausdiener. Sie sind die Nachkommen ehemaliger Sklaven, die die Tuareg einst auf ihren Raubzügen gefangen genommen haben. Outcasts, die jedoch ein hohes Ansehen genießen, sind die Inaden, begnadete Schmiede und Handwerker. Außerdem sind die Inaden die Quelle der mündlichen Überlieferung. Sie sind vertraut mit der Genealogie, kennen unzählige Geschichten und sind die Hüter der Geheimnisse. Oft werden sie zu wichtigen Treffen geladen und ihre Meinung wird von allen respektiert.

An der Spitze des Kelsystems steht der Amenokal, wörtlich „der Besitzer des Landes". Er ist die oberste Autorität und wird auf Lebzeiten von den Adligen gewählt. Seine Linie gründet sich auf eine legendäre Herkunft und kann bis zur Stammutter, Königin Tin Hinan, zurückverfolgt werden. Die Abstammung wird von Mutter zu Tochter, das materielle Erbe dagegen in der Regel über die männliche Linie weitergegeben. Die Frauen der Tuareg genießen viele Freiheiten. Sie müssen sich nicht verschleiern, haben freie Gattenwahl und können eine Verbindung lösen, ohne gesellschaftliche Sanktionen fürchten zu müssen.

Die Tuareg leben in Monogamie, Ehebruch gilt als schwer wiegendes Vergehen. Die Beziehungen zwischen den Geschlechtern kennzeichnet gegenseitiger Respekt. Die Mädchen werden für ihren anmutigen Gang geschätzt, für ihre Haltung und für andere abstruse Qualitäten, wie die

Elastizität ihrer Achillessehne, die angeblich Fruchtbarkeit signalisieren soll. Das Jungvolk trifft sich beim so genannten Ahal, der Bühne der Liebe. Ahals bieten Gelegenheit zu unzüchtigem Verhalten, meist kommt es jedoch nur zu verhaltenem Flirten zum Klang der Imzad, einer Art Violine.

Die Kleidung der Frauen ist einfach: ein langes schwarzes oder dunkelblaues Baumwollkleid, das bis zu den Waden reicht, und ein Kopftuch in der gleichen Farbe. Die hoch gewachsenen, schlanken Männer legen viel Wert auf ihr Äußeres. Sie tragen weite Hosen und Mäntel, die ihnen Bewegungsfreiheit bieten und die Luft zirkulieren lassen, sodass die Mittagshitze erträglich wird. Ab dem 15 oder 16 Lebensjahr, tragen die jungen Männer den Tagoulmoust, den obligatorischen Schleier. Er wird so angelegt, dass das ganze Gesicht mit Ausnahme der Augen bedeckt ist. Der Schleier befriedigt nicht nur die Eitelkeit seines Trägers, sondern schützt auch dessen Haut vor der Sonne. Der aufgetragene Indigo dient zusätzlich als Schutzcreme. Er wird auch im Gesicht verwendet, verleiht Anonymität und ein Furcht erregendes Aussehen, unerlässliche Details für einen professionellen Banditen …

Heute leben die Tuareg weitaus friedlicher als in der Vergangenheit. Sie treiben Handel und suchen stets neues Weideland im Einklang mit dem Wechsel der Jahreszeiten, ein bedächtiger Rhythmus, der von immer wiederkehrenden Abläufen und Routen bestimmt wird.

Das Leben der Hirten folgt einem ewigen Kreislauf mit Rücksicht auf die Herden: weiden, melken, mit Wasser versorgen und zählen. Wenn der Tag zu Ende geht und die Hirten in ihr Lager zurückkehren, ist es Zeit für eine Tasse Tee, gleichermaßen Vergnügen und Labsal. Für die Tuareg ist Teetrinken ein Ritual. Es werden drei Tassen serviert: eine für den Gast, eine für den Hausherrn und eine zu Ehren Allahs.

Der konzentrierte und starke Trunk beinhaltet Alkaloide, die ein Gefühl des Wohlbefindens auslösen und Hunger und Durst stillen. Wenn Hirsemehl und Datteln ausgehen, ist gesüßter Tee oftmals die einzige Nahrung, die den Tuareg zur Verfügung steht.

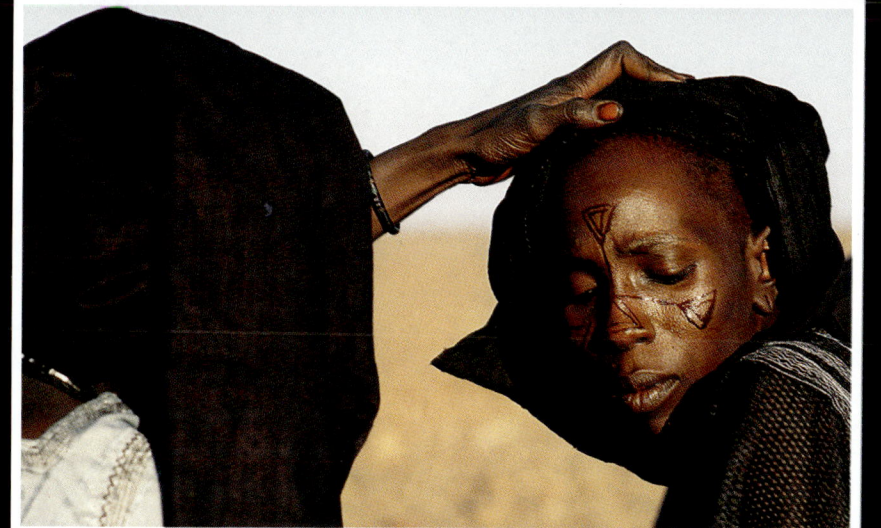

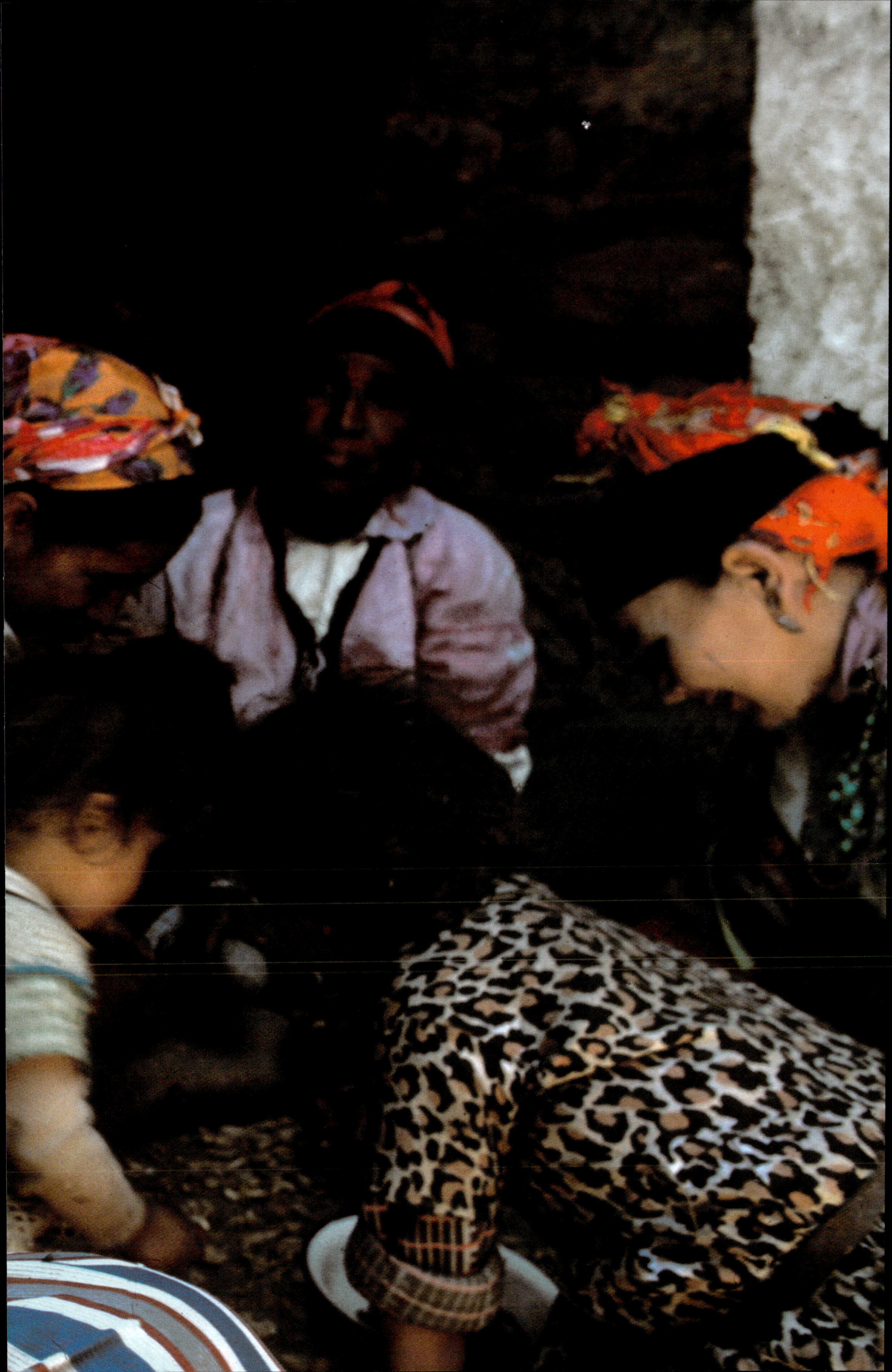

160 BERBERINNEN ERHOLEN SICH AUF EINER STRASSE IN DER ALTSTADT VON MARRAKESCH VON IHREM TAGEWERK. UNGEACHTET DES EINFLUSSES DER ARABISCHEN KULTUR UND DES ISLAMS LEBEN DIE FRAUEN IN BERBERISCHEN KULTUREN NICHT ISOLIERT.

161 DIESER ALTE BERBER GENIESST EINEN GEWISSEN SOZIALEN STANDARD INNERHALB SEINER GRUPPE. VOR ALLEM AUF DEM LAND HABEN TRADITIONELLE KULTURFORMEN DIE ZEITEN ÜBERDAUERT UND NOCH HEUTE WERDEN VIELE VORISLAMISCHE SITTEN UND GEBRÄUCHE EINGEHALTEN.

162–163 Diese berberische Folkloregruppe unterbricht ihre Tanz- und Gesangsdarbietungen für eine Teepause mit gesüsstem Pfefferminztee. Die Gruppe feiert in Marrakesch das Frühlingsfest.

163 Auf Festen putzen sich die jungen Berberinnen mit prächtigem Schmuck heraus. Stirnband und Halskette dieses Mädchens bestehen aus Silbermünzen sowie aus bernsteinfarbenen und korallenroten Glasperlen.

164 und 165 Die jungen Damen tragen ihre beste Kleidung und haben exquisite Bernsteinketten angelegt, denn sie wählen am Moussem, einem Fest, das im September in Imilchil (Marokko) stattfindet, ihren Bräutigam aus.

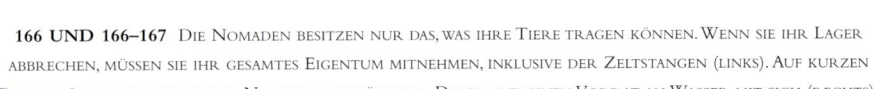

166 UND 166–167 Die Nomaden besitzen nur das, was ihre Tiere tragen können. Wenn sie ihr Lager abbrechen, müssen sie ihr gesamtes Eigentum mitnehmen, inklusive der Zeltstangen (links). Auf kurzen Reisen führen sie nur etwas Nahrung, persönliche Dinge und einen Vorrat an Wasser mit sich (rechts).

168–169 Zwei Tuareg führen ihre Kamele, die mit einer wertvollen Salzlieferung beladen sind, durch die Sandwüste nahe Timbuktu.

170 Diese Tuareg aus dem Aïr verlassen sich noch immer auf den Tauschhandel und die traditionellen Gewerbe. Viele ihrer Freunde und Verwandten sind heute jedoch Lohnempfänger in Arlit oder Agades.

171 Auf ihren Reisen von einem Weideland zum nächsten führen die Tuareg nicht immer ihre Zelte mit sich. Gelegentlich genügt ihnen ein natürlicher Schutz gegen die Kälte der Nacht. Der Abendtee hingegen ist ein Muss.

172–173 UND 173 DIE KLEIDUNG DER FRAUEN DER TUAREG UNTERSCHEIDET SICH KAUM VON JENER DER MÄNNER. SIE TRAGEN EINE LANGE TUNIKA, DIE UNTER DEN ACHSELN OFFEN IST, UND VERSCHIEDENE SCHALS ODER KOPFBEDECKUNGEN, DIE MIT INDIGO GEFÄRBT SIND.

174 UND 175 ELEGANZ SCHEINT EIN NATÜRLICHES ATTRIBUT DER TUAREG ZU SEIN, UNABHÄNGIG DAVON, OB SIE IHRE ANMUT MIT SCHMUCK UNTERSTREICHEN, DEN SIE BEI EINER HOCHZEIT ANLEGEN (LINKS), ODER OB SIE, WIE DIESES ALGERISCHE MÄDCHEN, DURCH SCHLICHTE NATÜRLICHKEIT AUSDRÜCKEN (RECHTS).

176–177 Eine Schule für Nomaden in Niger. Unter dem wachsamen Auge seines Lehrers lernt ein Schüler die Grundlagen des Französischen. Oftmals haben die Regierungen mit erzieherischen Massnahmen versucht, die Nomaden dazu zu zwingen, sesshaft zu werden.

178 UND 178–179 DIE FESTE DER TUAREG, WIE DIESE FEIER IN IN GALL (NIGER), SIND IMMER FARBENFROH.
KOSTBAR GEKLEIDETE MÄNNER TANZEN IN EINEM KREIS VON FRAUEN ZU DEN OBSESSIVEN KLÄNGEN DER
TAMBURINS. LIEDER, DIE GELEGENTLICH IMPROVISIERT WERDEN, ERWECKEN DIE LEGENDÄREN GROSSTATEN
ILLUSTRER PERSÖNLICHKEITEN EBENSO ZUM LEBEN WIE ALLTÄGLICHE EREIGNISSE.

180–181 EINE ERLESENE FRISUR MIT EINZELNEN HAARSTRÄHNEN, DIE MIT SILBERPERLEN EINGEFASST SIND, UND EIN PRÄCHTIGER PURPURNER SCHAL KOMPLETTIEREN DIE KLEIDUNG DIESER JUNGEN TUAREG AUS IN GALL UND IHRER BEGLEITERINNEN, DIE MIT IHREN TAMBURINS EINE STAMMESVERSAMMLUNG BELEBEN. IN DER URSPRÜNGLICH MATRIARCHALISCHEN GESELLSCHAFT DER TUAREG SPIELT DIE FRAU EINE BEDEUTENDE ROLLE. ALS HÜTERIN DER TRADITION WIRD IHRE MEINUNG STETS RESPEKTIERT.

182 DER TARIK, DER KAMELSATTEL DER TUAREG, IST AUS HOLZ GEFERTIGT. ER HAT EINE RÜCKENLEHNE MIT EINEM KREUZ AN DER SPITZE UND IST MANCHMAL MIT EINEM MESSINGSCHILD VERSEHEN. DIE VERSCHIEDENEN SATTELTYPEN UNTERSCHEIDEN SICH AUFGRUND IHRER QUALITÄT, DER FARBE DES LEDERDEKORS, DES METALLSCHMUCKS UND IHRER ROBUSTHEIT.

182–183 EIN EINZIGER ESEL KANN ALLE HABSELIGKEITEN DIESER FRAUEN AUS DEM AÏR TRAGEN. IHR GEPÄCK BESTEHT AUS BAUMWOLLKLEIDUNG, MATTEN UND BUNTEN LEDERTASCHEN.

184 UND 185 DIE FRAUEN TRAGEN SICH DAS MAKE-UP GEGENSEITIG AUF, WIE DIESES FOTO ZEIGT, DASS IM AÏR AUFGENOMMEN WURDE (LINKS). DIE MENSCHEN STELLEN FARBEN AUS GEMISCHTEN PIGMENTEN HER, WIE ANTIMON, DAS ZUM BETONEN DER AUGEN VERWENDET WIRD (RECHTS).

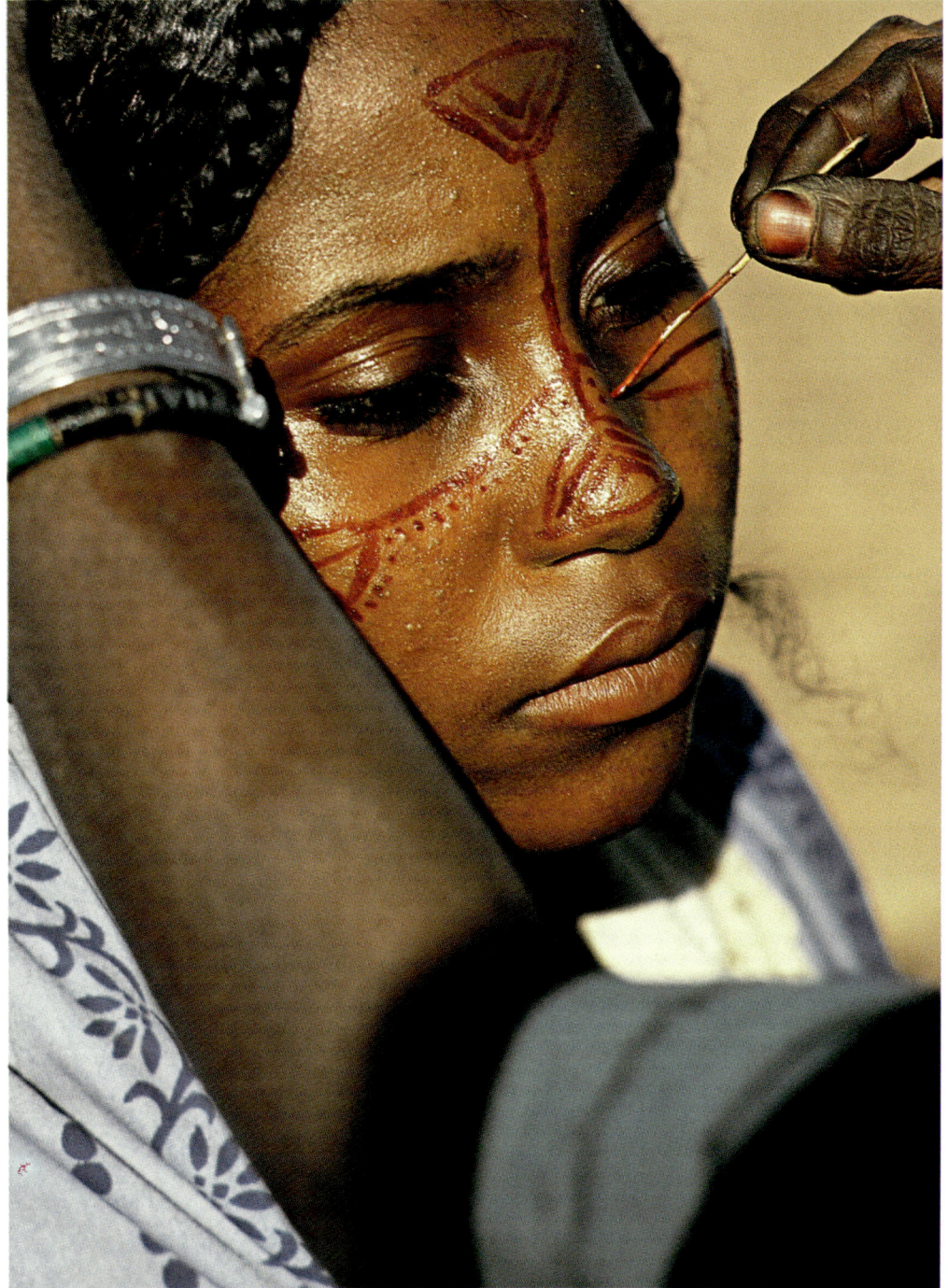

186–187 Diese Tuareg aus Gadames (Libyen) haben sich für ein traditionelles Fest elegant gekleidet. Anstelle des indigofarbenen Tagoulmoust tragen sie jedoch eine arabische Kopfbedeckung die robuster und weniger kostbar ist.

187 OBEN Auf dem Fest in Gadames führen Tuareg einen traditionellen Tanz vor. Viele libysche Tuareg sind heute sesshafte Mitglieder der modernen Gesellschaft und arbeiten in der Tourismusbranche.

187 UNTEN UND 188–189 Das rhythmische Schlagen der Trommel, begleitet von Liedern und endlosen Litaneien, ist nicht nur Teil des Festes in Gadames, sondern kennzeichnet alle Feste und familiären Zeremonien der Tuareg. Das Instrument besteht oftmals nur aus einer Membran, die über ein Holzgestell gespannt ist.

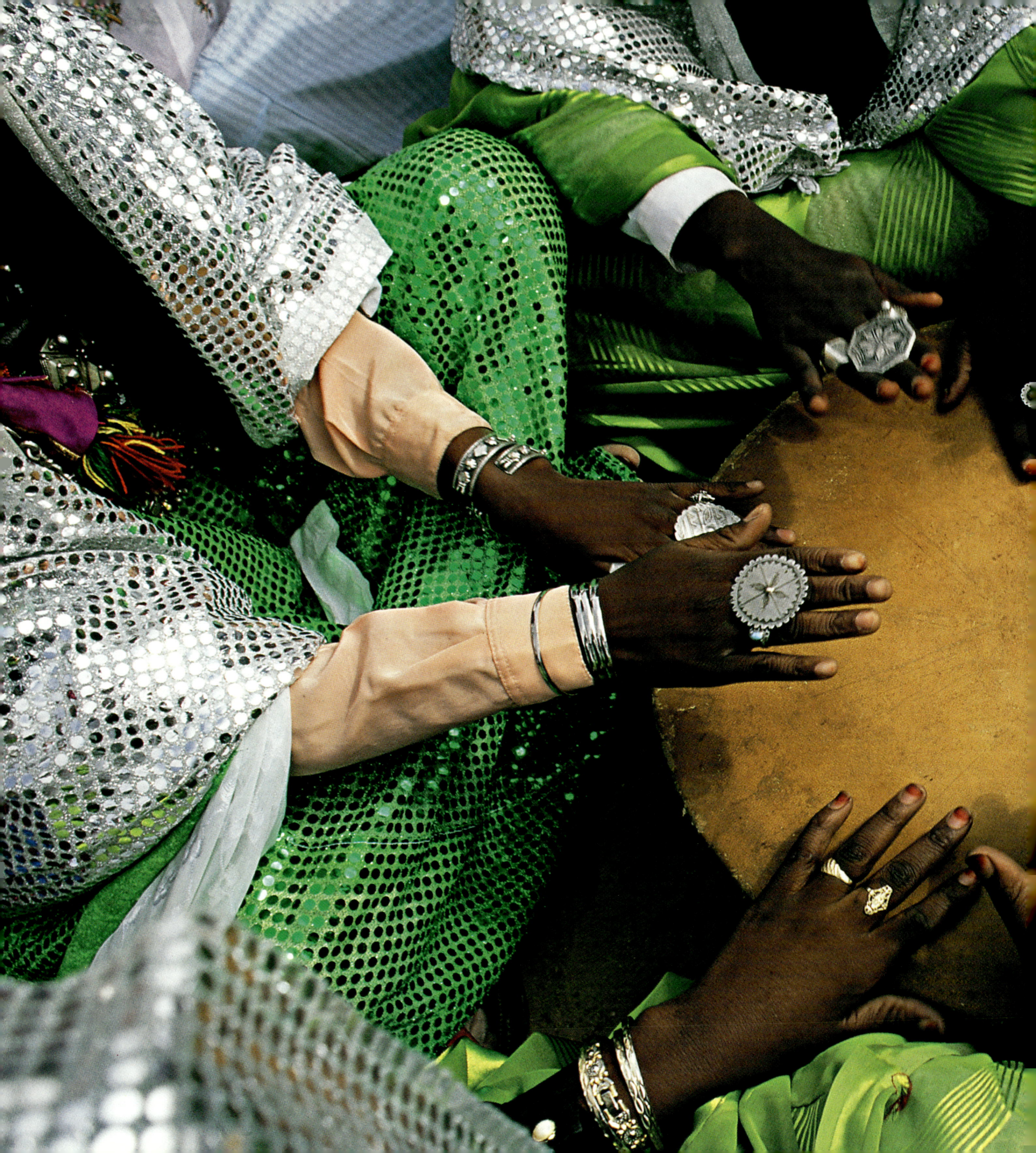

191 DIE TUBU MÜSSEN STÄNDIG WEITERZIEHEN, DA IM TIBESTI UND DEN UMLIEGENDEN REGIONEN NUR WENIG WÄCHST. AUCH DEN FRAUEN BLEIBEN KEINE STRAPAZEN ERSPART UND SIE HABEN NUR
SELTEN GELEGENHEIT, IM SCHATTEN IHRER HÜTTE ZU VERWEILEN. ZU DEN HAUPTAKTIVITÄTEN DER TUBU IN DER GEGEND DES TROU AU NATRON GEHÖRT DAS SAMMELN VON UND DAS HANDELN MIT SALZ,
DAS AM GRUND DER KRATER LAGERT.

192 UND 193 DIE VORFAHREN DIESES MÄDCHENS DER BIDEYAT AUS DEM ENNEDI IM TSCHAD HABEN VIELLEICHT DAS KÖNIGREICH KANEM-BORNU GEGRÜNDET. IN SEINER BLÜTEZEIT IM 15. JAHRHUNDERT
ERSTRECKTE SICH DIESES REICH VON TRIPOLITANIEN BIS IN DEN NORDEN VON KAMERUN.

DIE NOMADEN DES TSCHAD

Der Einfluss der Tuareg erstreckt sich im Osten bis zum 14. Meridian. Dieser Längenkreis ist nicht nur eine virtuelle Grenze: Hinter den Oasen von Kawar und der Ténéré beginnt das Territorium der Tubu, der so genannten Schwarzen Nomaden der Sahara. Die Tubu haben zwar eine sehr dunkle Haut, jedoch keine negroiden Gesichtszüge. Man vermutet, dass sie die Nachkommen einheimischer Völker des Neolithikums sind, die sich mit Weißen aus dem Niltal vermischt haben. Die Herkunft ihrer harten, gutturalen Sprache ist unbekannt. Sie ist jedoch nicht mit der berberischen Sprache verwandt. Die etwa 200 000 Tubu leben als Nomaden im Tibesti. Ihre Existenz sind geprägt von ihrer Umwelt und dem ihrer Gesellschaft eigenen unbändigen Individualismus. Im Tibesti erlauben die spärlichen Ressourcen keine dauerhaften Niederlassungen. Im gesamten Massiv findet man lediglich ein Dutzend kleine Oasen und nur 50 000 Frucht tragende Dattelpalmen (im Vergleich dazu gedeihen in manchen Oasen der algerischen Sahara 200 000 Bäume).

Die Tubu rühmen sich, mit wenig Wasser und ohne Nahrung tagelang umherziehen zu können. Sie übertreffen den Stoizismus aller anderen Bewohner der Sahara.

Viehdiebstahl halten sie für legitim und Mord (sofern er nicht innerhalb des eigenen Klans geschieht) zeugt von Tapferkeit. Fehden und Blutrache können jahrelang andauern, zumindest aber so lange, bis eine der Parteien aufgibt und hohe Reparationen in Form von Vieh bezahlt. Die

Frauen der Tubu tragen Dolche unter ihren Gewändern und zögern nicht, ihre Ehemänner zu beschämen, indem sie sich vor Gästen entkleiden. Religion oder Poesie werden für unnütze Aktivitäten gehalten. Einzige Autorität der Tubugesellschaft sind die Klans, die wiederum einer höheren Obrigkeit unterstehen, der Dardai. Die annähernd 40 Klans sind patrilineal. Die Mitglieder einer Gruppe verfügen über gemeinsames Weideland, befolgen gemeinsame Gesetze und kennzeichnen ihre Kamele mit einem eigenen Brandzeichen. Der Bürgerkrieg, der 20 Jahre im Tibesti wütete, scheint das traditionelle Gleichgewicht der Tubugesellschaft nicht verändert zu haben. Im Gegenteil, der Konflikt hat offensichtlich sogar zu einer Stärkung geführt. Als die Lastwagen aus dem Süden die Versorgung mit Nahrungsmitteln nicht mehr gewährleisten konnten, übernahmen die Karawanen diese Aufgabe. Mit Ankunft der Besatzungstruppen stieg auch das Verkehrsaufkommen und Raubzüge wurden wieder zu legitimen Aktivitäten, zumindest konnten sie nicht rechtlich verfolgt werden. Die pragmatischen Tubu nutzten diese Situation zu ihrem Vorteil.

Die Bideyat aus dem Ennedi-Bergland, etwa 10 000 Menschen, unterteilt in Klans, sind von ähnlich mysteriöser Herkunft. Sie emigrierten vor einigen hundert Jahren aus dem sudanesischen Darfur und aus verschiedenen Gebieten im nördlichen Tschad. Die halbnomadischen Bauern konzentrieren sich vor allem auf den saisonalen Getreideanbau, insbesondere auf den Anbau von Hirse.

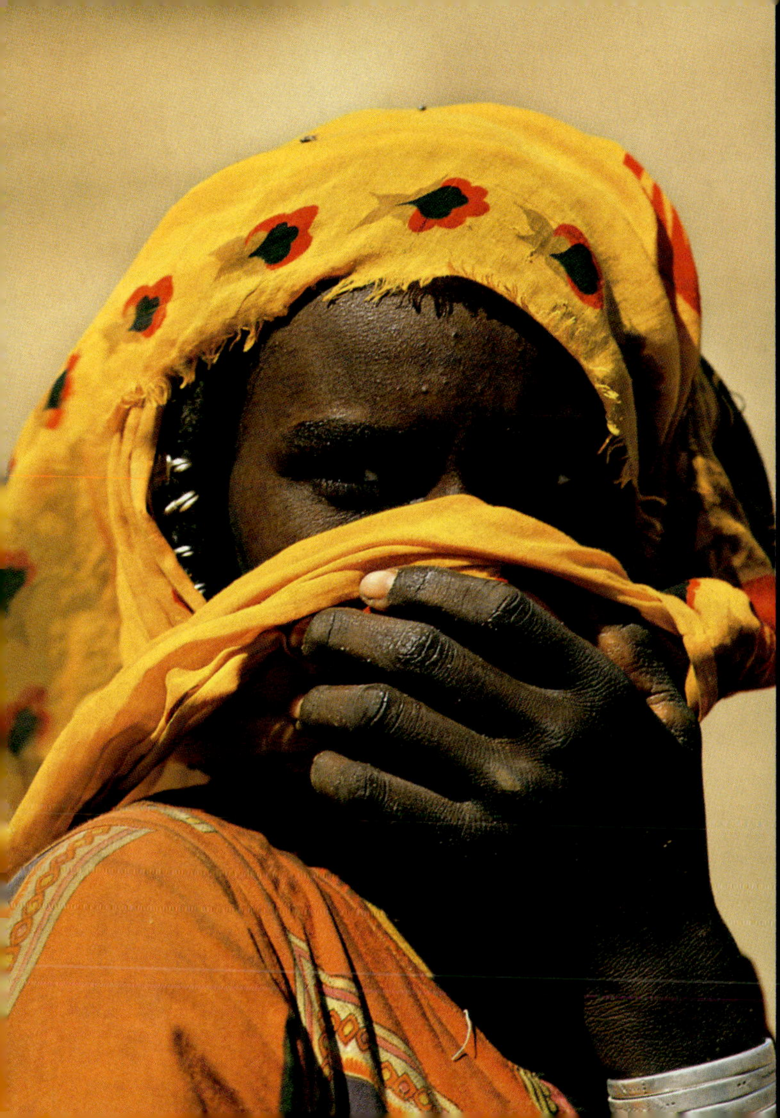
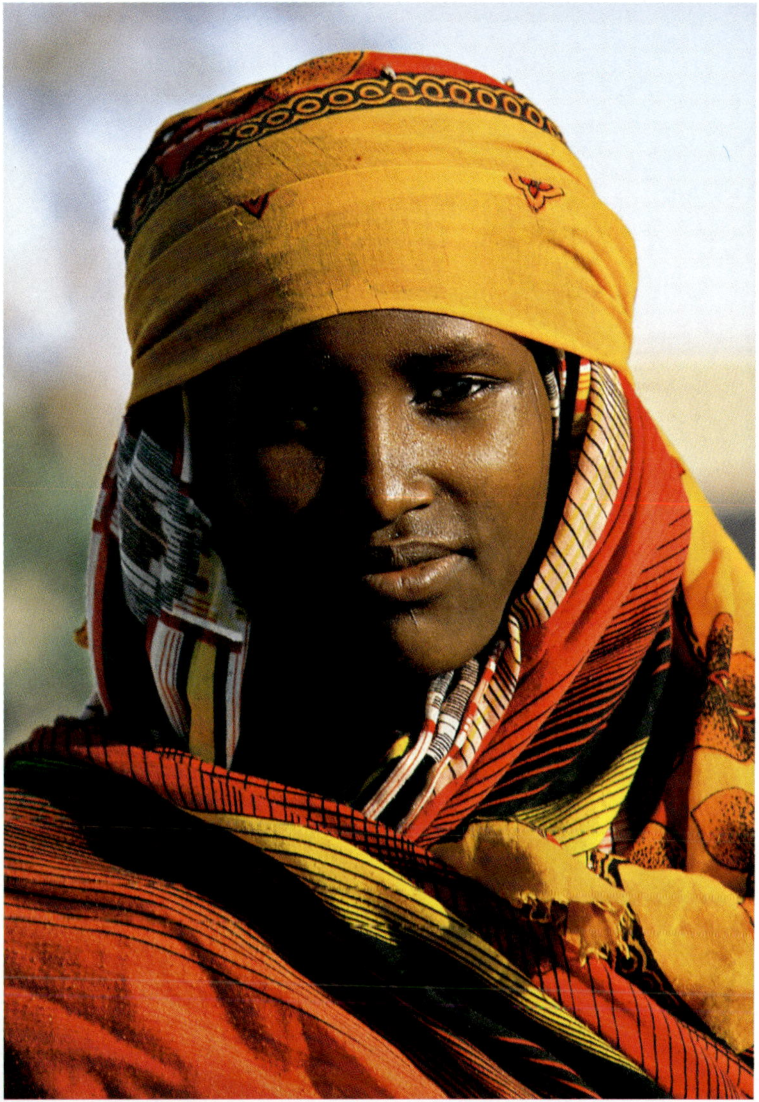

194 OBEN LINKS UND RECHTS DIE MAUREN, DIE AUS DER VERMISCHUNG EINGEBORENER NEOLITHISCHER BEVÖLKERUNGSGRUPPEN MIT BERBERN UND ARABERN HERVORGINGEN, HABEN EINERSEITS DEN ISLAM MIT ENTHUSIASMUS ANGENOMMEN, SICH ANDERERSEITS JEDOCH VIELE IHRER SITTEN UND GEBRÄUCHE ERHALTEN.

194 UNTEN FÜR DIESEN MAUREN IST GESÜSSTER TEE EIN WILLKOMMENES MITTEL GEGEN DEN DURST UND DIE CHRONISCHE UNTERERNÄHRUNG.

195 UNGEACHTET DES RELIGIÖSEN EIFERS GENIESSEN FRAUEN IN DER GESELLSCHAFT DER MAUREN GROSSEN RESPEKT UND VIELE FREIHEITEN. POLYGAMIE IST ZWAR ERLAUBT, WIRD JEDOCH NUR SELTEN PRAKTIZIERT.

196 UND 197 IM GEGENSATZ ZU DEN TUAREG BEDECKEN DIE MAUREN IHR GESICHT NICHT AUS RITUELLEN GRÜNDEN, SONDERN UM SICH VOR DEM RAUEN KLIMA ZU SCHÜTZEN.

DIE MAUREN

Die Tubu und die Tuareg haben sich in der Abgeschiedenheit der Berge ihre ethnische Identität bewahrt. Dagegen trugen die Berberstämme aus dem Westen, die Mauren, die Hauptlast der Islamisierung, die sie mit einer Art mystischer Inbrunst akzeptiert haben. Die Mauren sind arabisch-berberischer Herkunft mit Anteilen der dunkelhäutigen Völker, die im Neolithikum in der Sahara lebten. Sie sprechen Arabisch, bis auf wenige isolierte Stämme, die zweisprachig sind. Viele ihrer Orts-, Pflanzen- und Tiernamen stammen ursprünglich aus der Berbersprache.

Religiöse und kriegerische Traditionen vereinen die Stämme der Mauren, die einer äußerst komplizierten Hierarchie folgen. Die Gesellschaft gliedert sich in Adlige, Lehnsmänner, Diener, Handwerker, Musiker und Geschichtenerzähler. Theoretisch gehört man sein Leben lang einer Schicht an. Tatsächlich sind Wechsel jedoch nicht nur möglich, sondern auch üblich. Wie bei den Tuareg sind die sesshaften Bauern der Oasen schwarze Afrikaner. Sie stehen in der Gesellschaft an letzter Stelle. Adlige und Lehnsmänner züchten Vieh, was in der Sahara automatisch bedeutet, dass sie ein Nomadenleben führen. Das Ausmaß der Migrationen auf der Suche nach Weideland und Wasser ist abhängig vom Territorium und vom Regen. In Jahren schrecklicher Trockenheit können die Stämme tausende von Kilometern zurücklegen, wie es zum Beispiel bei den Reguibat der Fall ist, die durch das Gebiet zwischen der ehemaligen spanischen Sahara und Südmauretanien ziehen. Diese Nomaden führen ein asketi-

sches und bescheidenes Leben. Sie ernähren sich hauptsächlich von Hirse, Datteln und Milch. Tiere werden nur selten geschlachtet und Fleisch wird nur zu bestimmten Gelegenheiten verzehrt.

Ungeachtet des arabischen Einflusses haben sich die Frauen der Mauren eine überraschend große Autonomie bewahrt. Sie können sich Freiheiten herausnehmen, ohne soziale Sanktionen fürchten zu müssen. Ehescheidungen und Verstoßungen sind nichts Ungewöhnliches. Hauptgrund ist die Eifersucht: Die Ehefrauen sind auf die Mätressen eifersüchtig, die sich ihre Männer gelegentlich „zulegen". Hinsichtlich der Arbeit wird den Geboten des Islams absolut Folge geleistet. Die Matronen der Adligen beschäftigen sich mit nichts anderem als mit ihrer Körperfülle, die sie pflegen, indem sie Unmengen Milch trinken und eine spezielle Diät mit hoher Kalorienzufuhr einhalten, deren Zusammensetzung eifersüchtig bewacht von der Mutter an die Tochter weitergegeben wird. Bei den Nomaden herrscht ständig die Gefahr der Unterernährung, deshalb ist es verständlich, dass Übergewicht ein Synonym für weibliche Schönheit ist.

Zu den Mauren gehören zwei weitere Gruppen, die wirtschaftliche Nischen besetzen: die Nemadi und die Imraguen. Die etwa 500 Nemadi haben sich auf die Antilopenjagd spezialisiert und leben im Wüstengebiet zwischen den Dünen des Djouf und den Quellen von Araouane, westlich von Walata. Die Imraguen, schwarzhäutige halbnomadische Fischer, leben nahe Kap Timiris an der Atlantikküste.

198 OBEN Die Frauen in diesem Dorf der Fulbe räuchern Fisch (links) und zermahlen Hirse mit Holzmörsern (Mitte). Die Fulbe besiedeln ein weitläufiges Gebiet in Westafrika, südlich der Sahara, vom Senegal bis in den Tschad. Sie sind zum Islam übergetreten, haben das Nomadendasein aufgegeben und leben entweder in Städten oder haben sich der Landwirtschaft in Dörfern verschrieben, die normalerweise um eine Moschee angelegt sind (rechts).

198 UNTEN UND 199 Die Kleidung der Fulbe richtet sich nach der Region und den wirtschaftlichen Verhältnissen. Reiche Frauen tragen schwere Ohrringe aus Gold (unten), während die Männer, wie dieser junge Bewohner eines Dorfes am Niger, ihre Eleganz mit farbenfrohen cheche-Schals unterstreichen.

BEDJA, CHAAMBA, MOZABITEN UND FULBE

Der östliche Teil der Wüste ist etwa bis zum Niltal weitgehend unbewohnt. In der Region zwischen dem Fluss und dem Roten Meer leben die Bedja, Rinder- und Kamelhirten. Die Familie ist das Herz ihrer Gesellschaft, die aus kleinen, nomadisierenden Gruppen besteht. Die Bedja haben stets ihre Unabhängigkeit als Hirtennomaden verteidigt, eine Lebensform, die sie schon seit 3000 Jahren praktizieren, wie die ersten Niederschriften über dieses Volk in ägyptischen Chroniken belegen.

Die Chaamba aus Nordalgerien, die in der Nähe der Oasen von Wargla und El Golea leben, sind ebenfalls Nomaden rein arabischer Herkunft. Einst waren sie für ihre verwegenen Raubzüge bekannt, heute sind sie erfolgreiche Tierzüchter und Kaufleute. Die leben in Zelten aus Kamelhaar, die jenen der Beduinen aus Saudi-Arabien ähnlich sind.

Die Mozabiten, das Paradebeispiel eines Berber- und Saharavolkes, blicken auf eine lange Geschichte zurück, die geprägt ist von religiöser Verfolgung. Ihre fünf Städte, Ghardaia, El Ateuf, Beni Isguen, Bou Noura und Melika, erheben sich über den steilen Ufern des Mzab in Algerien. Die Mozabiten sind Anhänger einer Sekte, die starke jüdische und christliche Elemente aufweist. Sie haben ein strenges Brauchtum. Musik und Luxusartikel sind verboten und die Gläubigen dürfen weder rauchen noch trinken.

Die Stellung der Frau unterscheidet sich grundlegend von jener der Tuareg oder der Mauren, obwohl diese Gruppen stark vom Islam beeinflusst sind. Im Mzab haben die Frauen kaum Rechte, aber viele Pflichten. Handel und Gewerbe sind für die Mozabiten der wahre Lebensstil. Die jungen Leute müssen ihre Heimat in einem bestimmten Alter verlassen und dürfen erst zurückkehren, wenn sie genügend Geld angehäuft haben.

Die Liste der Völker, die in der Sahara leben, wäre unvollständig, würde man die Fulbe nicht erwähnen. Sie leben eigentlich im Sahel zwischen dem Senegal und dem Tschad, haben jedoch alte, tiefe Bande zur Wüste. Vieles deutet darauf hin, dass die Ursprünge der Fulbe in der südlichen Sahara liegen, bei jenen Hirten des Neolithikums, die in den Felsmalereien der Bovidian-Zeit dargestellt sind. Einige der Szenen, die man an den Sandsteinwänden des Tassili N'Ajjer findet, ähneln den Traditionen und der Mythologie der Fulbe überraschend stark. In den Dörfern der Fulbe wird der häusliche Bereich gemäß festen Regeln organisiert, die sich auf die vier Himmelsrichtungen und die Familienhierarchie stützen. Die Häuser der Frauen sind in dem nach Osten weisenden Abschnitt untergebracht und durch einen so genannten Kälberstrick vom Vieh getrennt. Dies ist ein Bereich, in dem Jungtiere festgebunden sind, die von der Herde getrennt werden sollen. Dieses Schema ist in den Fresken von Tissoukai akribisch festgehalten. An der gleichen Stätte fin-

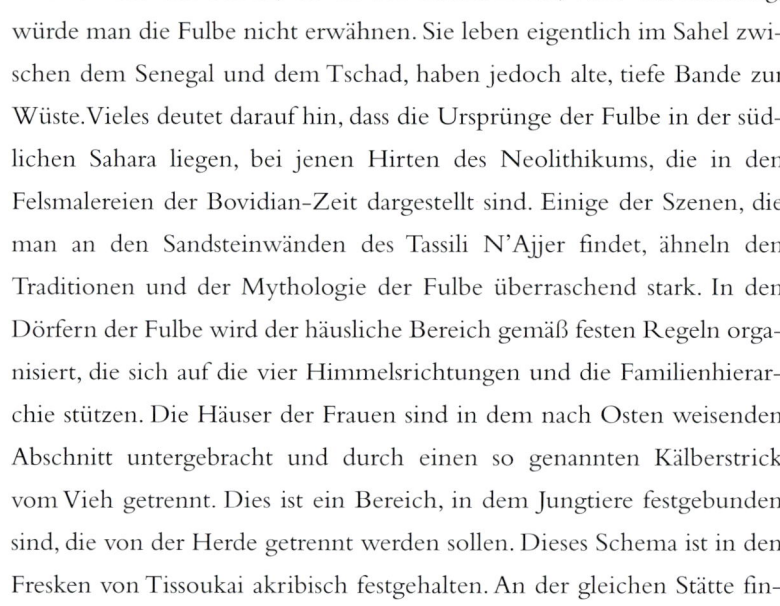

det man den Querschnitt einer Hütte. Man erkennt auf dem Boden mehrere Gefäße und Gegenstände, die sorgfältig arrangiert sind – die *kaakul* einer Bororofrau, Kochgeräte, die sie als Hochzeitsgeschenk erhielt. Sie werden ausgestellt, um die Verwandten zu beeindrucken, wenn ein neues Dorf gegründet wird. In Uan Derbaouen und Tin Tazarift, ebenfalls im Tassili N'Ajjer, findet man Darstellungen von Ochsen, die im Wasser stehend sorgfältig gepflegt werden. Bis in neuere Zeit entsprach dies dem *lotori*-Ritus, einer Zeremonie, mit der den Anfängen der Domestikation des Viehs gedacht wurde.

Die meisten Fulbe sind fromme Muslime und führen heute ein sesshaftes Leben, das in Verbindung mit dem Handel steht oder mit einer gemischten Wirtschaftsform, die sich auf Tiere und Agrikultur stützt.

200 **OBEN UND UNTEN** Die Bororo sind stolz auf ihr Vieh, das weite Strecken unter extremen Bedingungen zurücklegen kann. Das Zebu ist ein robustes Tier, das jedoch nur wenig Milch liefert. Dennoch lieben die Bororo dieses Rind wegen seiner Schönheit mehr als ihre anderen produktiveren Tiere.

201 **LINKS UND RECHTS** In der Gesellschaft der Bororo ist die Frau die Herrin des Hauses. Kein Ehemann würde es jemals wagen, seiner Gattin in der Öffentlichkeit Anweisungen zu geben. Ehen sind nicht von Dauer und beide Ehegatten können sich scheiden lassen. Die stärksten Familienbande bestehen zwischen Mutter und Kind.

Die Bororo (etwa 60 000 Menschen) haben sich ihren nomadischen Lebensstil erhalten. Sie ziehen mit ihren Herden durch die steppenähnlichen Ebenen im südlichen Niger, nahe der Grenze zu Nigeria. Die Umgebung ist trocken, unwirtlich und verfügt nur über kärgliche Ressourcen. Rastlos wandern die Bororo umher, immer auf der Suche nach Wasser und neuem Weideland. Auf ihren endlosen Wanderungen hinterlassen sie kaum Spuren. Einziger Beweis für ihre vorübergehenden Niederlassungen sind die Abdrücke ihrer halbrunden, aus Zweigen gefertigten Zelte, die nur wenig Schutz bieten, und die Einzäunungen für das Vieh, die sie aus Dornenästen fertigen. Der Viehbestand ist der einzige Reichtum dieser nomadisierenden Hirten und bildet die Grundlage ihrer Existenz.

In der Trockenzeit, die viele Monate dauert, verteilen sich die Gruppen auf dem Territorium und die Geselligkeit schrumpft auf ein Minimum. Jetzt gilt es, das Überleben zu sichern, bis der erste Regen fällt. Wenn sich der Regen über die Sahara ergießt, schwellen die Wasserstellen an und das Gras erhebt sich aus dem Staub. Das Szenario gleicht einem Wunder, das das Leben grundlegend verändert. Dies ist die Zeit der großen zeremoniellen Zusammenkünfte und Tänze, die Zeit des *Yake* und des *Gerewol,* in der sich das Jungvolk kennen lernt und umwirbt.

Schönheit ist ein grundlegendes Element der Kultur der Bororo. Sie beruht auf bestimmten Attributen: Größe, eine lange, gerade Nase, helle Haut, weiße Zähne und strahlende Augen. Für unattraktive Menschen ist das Leben schwer, selbst wenn sie andere Gaben besitzen, wenn sie beispielsweise singen oder tanzen können oder intelligent sind. Die Männer handeln und kleiden sich wohl überlegt. Manchmal schneiden sie groteske Grimassen, wobei sie die Augen herausdrehen und ihren Mund öffnen, damit man ihre weißen Zähne sehen kann. Sie veranstalten einen regelrechten Schönheitswettbewerb, eine Vorführung für das weibliche Publikum, das die Show mit größter Aufmerksamkeit verfolgt. Am Ende des Festes wählen die jungen Frauen einen stattlichen Mann aus. Die Paare ziehen sich ins Gebüsch zurück und vollziehen ihre Verlobung. Inzwischen gründen die Älteren Allianzen zwischen den Klans und organisieren künftige Migrationen gemäß dem Ritual, das den ewigen Kreislauf des Hirtendaseins bestimmt.

202 UND 203 Die Pflege des Viehs nimmt die meiste Zeit der Bororo in Anspruch. Alle Familienmitglieder müssen mithelfen. Die Kinder haben bereits mit 6 Jahre gelernt, sich um die Herde zu kümmern. Die Bororo sind weitgehend von ihren Kühen abhängig, die täglich 2 bis 3 l Milch geben. Die Milch wird in tiefen Schalen gesammelt und ist frisch, geronnen oder getrocknet fester Bestandteil des Speiseplans der Hirten.

204–205 UND 205 Während der Regenzeit sind die Bororo ständig auf der Suche nach Weideland. Nach dem Abladen ihrer Habseligkeiten schlagen die Hirten ihr Lager auf und errichten die Zäune für das Vieh.

206 UND 206–207 Selbst im Alltag verhüllen junge Frauen (206) und Männer der Bororo ihr Antlitz nicht. Der Stroh- und Lederhut dieses jungen Mannes (206–207) hat die traditionelle konische Form und ist mit Straussenfedern geschmückt.

208–209 UND 209 Junge Bororo bereiten sich auf das *Gerewol* vor.

210–211 Die jungen Bororo haben Aufstellung genommen, um beim Schönheitswettbewerb ihre Tänze vorzuführen.

212 UND 213 Um ihre Schönheit zu unterstreichen, drehen die Bororo ihre Augen heraus, blecken ihre Zähne, zeigen ihr Zahnfleisch und lassen ihre Wangen und Lippen vibrieren (links). Herausgeputzte Bororo am *Gerewol* (rechts).

214–215 Das *Gerewol* findet vorwiegend am späten Nachmittag und am Abend statt. Oft sind die Tuareg aus nahe gelegenen Lagern eingeladen, dem Spektakel beizuwohnen.

DAS LEBEN IN DER SAHARA

216 VON LINKS OBEN NACH RECHTS UNTEN PALMEN AM ENDE EINES ERG MARKIEREN DIE GRENZE ZWISCHEN BEWOHNTEN GEBIETEN UND DER WÜSTE; EINE SALZKARAWANE AUF IHREM WEG DURCH DIE WÜSTE MAURETANIENS; SOLIDE, BESCHLAGENE TÜREN SCHÜTZEN DIE PRIVATSPHÄRE DER BEWOHNER VON TIMBUKTU (MALI); DAS SCHWARZE ZELT IST TYPISCH FÜR DIE NOMADEN DER NÖRDLICHEN SAHARA.

217 DER HANDEL INNERHALB DER SAHARA LIEGT IN ERSTER LINIE NOCH IMMER IN HÄNDEN DER KARAWANEN, DIE NUR GERINGE TRANSPORTKOSTEN VERURSACHEN.

218 UND 219 DAS VORHANDENSEIN VON WASSER UND DAS JEWEILIGE GELÄNDE BEEINFLUSSEN DIE MENSCHLICHEN NIEDERLASSUNGEN IN DER SAHARA ENTSCHEIDEND. DIE HÖHLENWOHNUNGEN UND PALMENHAINE VON MATMATA IN TUNESIEN (218 LINKS UND MITTE), KONTRASTIEREN MIT DEN HÜTTEN DER OASE TEGUEDEI IM TSCHAD (218 RECHTS). EIN SEE, DER VON DICHTER VEGETATION UMGEBEN IST, UNTERBRICHT DIE MONOTONIE DER LANDSCHAFT (219).

220–221 DIESER VON DÜNEN UMRAHMTE SEE GEHÖRT ZU DEN VIELEN KLEINEN WASSERSTELLEN, DIE MAN IN DER LIBYSCHEN SAHARA NAHE DER OASE SEBHA IM FESSAN FINDET.

222–223 EINIGE DER PERMANENTEN WASSERSTELLEN IM SO GENANNTEN SEENGEBIET VON LIBYEN UMGIBT EINE VERSCHWENDERISCHE VEGETATION.

DAS LAND DER NOMADEN

In der Kolonialzeit durchzog ein dichtes Handelsnetz vom Mittelmeerraum bis Schwarzafrika die Sahara. Karawanenflotten schifften durch das wasserlose Meer der riesigen Wüste. Sie waren mit Gold, Ebenholz, Salz, Nahrungsmitteln und Luxusgütern beladen. Die Leiter der Transporte waren Nomaden, Krieger und Kameltreiber. An den Küsten der Sahara entwickelten sich reiche und mächtige Marktstädte. Die Oasen wurden zu Anlaufhäfen, Orte der Regeneration und Produktion wie Inseln im Ozean.

Zu den Zeugnissen dieser Vergangenheit gehören Städte und Bollwerke, die zum einen Teil in Ruinen liegen, zum anderen Teil aber noch intakt sind, wie Timbuktu und Agades. Komplexe hydraulische Systeme haben ebenso die Zeiten überdauert wie Palmenhaine und Gemüse-

gärten, die der Mensch der Wüste mit täglicher harter Arbeit abgerungen hat. Salzkarawanen ziehen langsam auf den alten Wegen dahin. Die Sahara ist noch immer ein Land der Karawanen und Tierherden, dessen Grenzen unsichtbar sind und dessen Mittelpunkt das Zelt bildet, das Emblem des Nomadismus. Mit Ausnahme der peripheren Regionen nahe den ausgedehnten Überschwemmungsgebieten von Niger, Senegal und Nil ist Agrikultur in der Sahara nicht denkbar.

Nur in den Oasen ist ein sesshaftes Leben möglich. Hier hat man eine unvorstellbar lebensfeindliche Natur mit erstaunlichem Geschick

gebändigt. Der Kontrast zwischen dem Landschaftsbild der Oasen und den sie umgebenden Landstrichen ist überwältigend. Die Grenzen sind scharf und unbarmherzig: An herrlich grüne Palmenhaine schmiegen sich übergangslos karge Mineralwüsten.

In der Sahara bedeutet Leben fernab der Oasen unaufhörliche Migration und ständige Suche nach Ressourcen. Hier liegt das Land der Nomaden (griechisch nomàs, „Wanderer"). Der Nomadismus gründet sich auf die enge Beziehung zwischen dem Menschen und seinen Tieren. Dies ist der einzige Weg, um dieses fragile, aride Ökosystem zu nutzen. Das Vieh wandelt Gras in wertvolles Protein um und versorgt die Hirten mit vielen Produkten, die sie zum Überleben brauchen und die hohe Erträge erzielen. Das wichtigste Tier für die Nomaden der Sahara ist das Dromedar, das nicht nur als lebende Lagerstätte für die Vorräte dient, sondern auch als unverzichtbares und durch nichts zu ersetzendes Transportmittel. Es hat im Transsahara-Karawanenhandel stets eine entscheidende Rolle gespielt, da es weder Durst noch Erschöpfung kennt.

Die Nomaden und die sesshaften Völker haben gemäß ihren unterschiedlichen Lebensformen gegensätzliche Mentalitäten und Kulturen entwickelt. Im Verlauf der Geschichte sind sie oftmals miteinander in Wettstreit getreten. In der Sahara sind diese beiden Welten nur aus wirtschaftlichen Gründen miteinander in Verbindung getreten, wirklich nahe waren sie sich nie. Die befestigten Dörfer, die den nördlichen Rand der Wüste begrenzen, dienten in erster Linie als Handels- und Kommunikationszentren weniger als Bollwerke. Die großen kosmopolitischen Städte des Südens, an den Grenzen der Savanne, erfüllten den gleichen Zweck.

224 Im Schutz des Schattens einer Palme kümmert sich ein Bauer im algerischen Touat um seine Felder, die ihm mehr als eine Ernte pro Jahr schenken können.

225 OBEN LINKS UND MITTE Diese beiden Fotos der libyschen Sahara verdeutlichen die gegensätzliche Natur der Wüste, jener immensen Ausdehnung steriler Erde, unterbrochen von Oasen. Der griechische Geograph Strabo hat einst die Wüste mit einem Leopardenfell verglichen.

AGRIKULTUR
IN DER WÜSTE

Die Sahara war stets ein offener Komplex, der sich auf drei entscheidende, voneinander abhängige Faktoren stützte (und zum Teil noch heute stützt): Oasen, Handelsstädte und Karawanentransporte. Jahrhundertelang garantierten diese Faktoren die Prosperität der Wüstenvölker. Sie bestimmten die Natur der menschlichen Niederlassungen und beeinflussten Produktion und Handel. Vor allem aber sicherten sie einen Lebensstil, der heute, nach 2000 Jahren, überholt scheint. Zwei wesentliche Faktoren bestimmen die Agrikultur: fruchtbarer Boden und, was noch wichtiger ist, Wasser. In der Sahara regnet es fast nie und Oberflächenwasser gibt es praktisch nicht. Deshalb können Nahrungspflanzen nur dort kultiviert werden, wo man unterirdische Wasserspeicher nutzen kann. Die Oase, ein künstlicher Mikrokosmos, ist das Paradebeispiel für die Urbarmachung des Landes. In der unendlichen Weite der Wüste, verschwinden die Oasen beinahe. Die Palmenhaine Algeriens, in denen immerhin die Hälfte aller Dattelpalmen der Sahara gedeiht, beschränken sich auf ein relativ kleines Gebiet.

Die Oase ist kein natürliches Phänomen, sondern das Produkt harter, unermüdlicher Arbeit. Die Oasen der Sahara entstanden, um den Ansprüchen des Transsahara-Handels gerecht zu werden, der stabile, zuverlässige Versorgungszentren forderte. Sie wurden zu Handels- und Kommunikationszentren ähnlich landumschlossenen Häfen im weiten, wasserlosen Meer der Sahara. Die ersten Siedlungen entstanden um bereits vorhandene Quellen. Diese so genannten Ksar wurden rechteckig angelegt, mit einer Mauer umgeben und an möglichst hoch gelegenen Plätzen eingerichtet. Man findet diesen Typ Zitadelle in fast allen Oasen der Sahara. Das Geflecht aus Gassen, Tunnel, Treppen, Terrassen und Innenhöfen diente nicht nur der Verteidigung und dem Schutz der Gemeinschaft, sondern sorgte auch dafür, dass die Orte für die nomadische Außenwelt offen blieben. Innerhalb des Ksar gibt es neben den öffentlichen Wegen ein unsichtbares Straßennetz, das aus den Verbindungen von Haus zu Haus, von Hof zu Hof besteht. Das Familienleben entfaltet sich entlang dieser Passagen, die oft im Verborgenen verlaufen, geschützt vor indiskreten Augen. Die Umfassungsmauern des Ksar verkörpern eine Grenze, die jedoch überwindbar ist. Außentore führen zu

225 OBEN RECHTS Die verlassene Ruinenstadt Djado im Nordosten von Niger umgeben die Mauern einer antiken, in Trümmern liegenden Festung.

225 UNTEN Die leuchtend grünen Palmenhaine und kultivierten Felder von Tamerza (Tunesien) erinnern zwischen den nackten Bergen, die die Oase umgeben, an einen Garten Eden.

226 WASSER WIRD IN UNTERIRDISCHEN KANÄLE AUFGEFANGEN ODER AUS BRUNNEN GESCHÖPFT, WIE HIER IM AÏR (LINKS), UND ANSCHLIESSEND VERTEILT. DIE LÖCHER IN DER KESRIA SORGEN DAFÜR, DASS DAS WASSER, DAS DURCH DIE KANÄLE FLIESST, ALLE FELDER ERREICHT, WIE HIER IN DER OASE TIMIMOUN IN ALGERIEN (RECHTS).

227 OBEN DAS AUSSEHEN DER TÄLER, DIE DIE SÜDLICHEN AUSLÄUFER DES HOHEN ATLAS IN MAROKKO DURCHFURCHEN, IST CHARAKTERISTISCH FÜR DIE SAHARA. DIE OASEN WERDEN VON DEN WADIS BEWÄSSERT UND EIN DICHTER BALDACHIN AUS PALMEN SCHÜTZT OLIVEN, FEIGEN, MANDELN, OBSTBÄUME UND GEMÜSE JEGLICHER ART.

227 UNTEN DIE BERBERDÖRFER IM FLUSSTAL DES OUED DRAA (MAROKKO) UMSCHLIESSEN DIE ÜBERRESTE ANTIKER BEFESTIGUNGSANLAGEN AUS LEHMZIEGELN, DIE ZUM SCHUTZ VOR DEN WÜSTENNOMADEN ERRICHTET WURDEN.

Durchgangszonen und Unterhaltungsbereichen. Der Ort an, dem es wirklich zu Kontakt mit der Außenwelt kommt, ist jedoch der Palmenhain am Rand der Niederlassung. Hier werden Geschäftskontakte mit den Nomaden hergestellt, die in einiger Entfernung gemäß einem ungeschriebenen Gesetz in der Wüste kampieren.

Man unterscheidet verschiedene Oasentypen. Ihre Anordnung richtet sich ebenso wie die Lage der Dörfer und der Felder nach den landschaftlichen Gegebenheiten und den Wasservorräten. Oasen in Wadis sind im Allgemeinen parallel zum Flussbett ausgerichtet, in dem die Gärten und Dattelpalmenplantagen angelegt werden.

Die größte Gruppe dieses Oasentyps erstreckt sich in gerader Linie über das Saoura-Tal, das entlang der Hammada du Guir und dem Westlichen Großen Erg bis in die Region von Touat verläuft. Unterirdische Stollen, genannt Qanat, sammeln das Grund- und Sickerwasser, das unter den Schuttfächern des Sahara-Atlas verborgen ist, und leiten es ohne Hebevorrichtungen in den Dörfern zutage.

Die elliptischen Stollen sind so breit und hoch, dass eine Person hindurchpasst. Das Trinkwasser, das die Qanat liefern, wird ausschließlich in den Haushalten verbraucht. Die Felder werden mit leicht salzhaltigem Wasser vom Untergrund des Flusses bewässert.

228 Das Faijum, eine fruchtbare Oasendepression, liegt südlich von Giseh und gehört zu den produktivsten und am dichtesten besiedelten Gebieten Ägyptens. Einst gab es hier einen grossen See, der heute jedoch beträchtlich geschrumpft ist (links). In dieser Region betreibt man Ackerbau mit traditionellen Hilfsmitteln (rechts) ebenso wie mit moderner Technik.

229 Viele oberirdische Gewässer der Sahara sind zu mineralisch für die Bewässerung, wie beispielsweise die Seen im Fessan (links) und die Wasser der Oase Siwa (Mitte). An anderen Orten, wie zum Beispiel in Tichitt, Mauretanien (rechts), sammelt man den Regen in kurzlebigen Seen, sodass saisonale Landwirtschaft betrieben werden kann.

230–231 Mit Ausnahme des Minaretts, des höchsten Bauwerks im Dorf, scheinen die Gebäude von Tichitt mit dem kargen Steilabbruch von Dhar Walata zu verschmelzen.

232–233 und 234–235 Die komplizierte Architektur der Dörfer in der Sahara wird drei Anforderungen gerecht: Schutz der Privatsphäre, Schutz der Bewohner vor den Unbilden der Witterung und Abwehr von Plünderern. Die Detailansichten auf diesen Seiten und der folgenden Doppelseite geben einen Einblick in diese Architektur: Chinguetti, Mauretanien (232 oben und 233), Walata (232 unten) und die Passagen im Berberdorf Chenini in Tunesien (234–235), die so schmal sind, dass sie immer nur eine Person begehen kann.

Man gewinnt das Wasser über die typischen handbetriebenen Ziehbrunnen, die bekannten *khottara*. In den Oasen an den Ufern ausgetrockneter Seen, in denen kaum ein Gefälle wahrnehmbar ist, ist das Qanatsystem noch ausgefeilter. Der überwiegende Teil des Schotts ist für die Felder nutzlos, die sich auf einen schmalen Streifen um das Becken beschränken. In Timimoun, in der Gegend von El-Guerara reichen die Stollen mehrere Kilometer in den Untergrund. Sie verlaufen parallel zu den Ufern des Schotts und folgen den unterirdischen Strömen, die den Grund der Landsenke versorgen. Am Eingang zur Oase wird das Wasser in einem großen Bassin gesammelt und anteilsmäßig

auf die einzelnen Familien verteilt. Eine spezielle Vorrichtung, genannt *kesria,* geformt aus einer speziell gedrillten Steinplatte, bildet auf der Seite des Bassins, die den Feldern zugewandt ist, den Abschluss.

Die Berechnung der Wassermenge, die den jeweiligen Besitzern zusteht, ist äußerst komplex und steht in Zusammenhang mit der Größe der Löcher in der kesria. Sobald die Zuteilung erfolgt ist, wird das Wasser über Bewässerungsgräben auf die Felder geleitet.

Das dichte Netzwerk der Palmwedel bindet die nächtliche Humidität, wodurch eine Nische gemäßigten Klimas entsteht. In diesem natürlichen Gewächshaus gedeihen alle Gemüsesorten und mediterranen Obstbäume, darunter Feigen-, Pfirsich-, Aprikosen-, Orangen- und

Granatapfelbäume. Dem Überfluss an Wasser ist es zu verdanken, dass mehrmals im Jahr geerntet werden kann. Dies ist das antike persische *pairidaeza* („Einzäunung", „Garten"). Dasselbe bringt der christliche Garten Eden zum Ausdruck oder der arabische *jennat*, ein Begriff, der in der Sahara „kultivierte Felder" bedeutet. Es sind jedoch die Oasen der Ergs, die die Bedeutung des Wortes Paradies als Gegensatz zur destruktiven, höllischen Wüste am eindrucksvollsten und deutlichsten widerspiegeln. Diese Oasen liegen eingebettet zwischen den Dünen und verdanken ihr Überleben nicht den Qanats oder anderen manuellen Bewässerungssystemen. Die Oase Souf am Nordrand des Östlichen Großen Ergs, kennzeichnet das dunkle Grün der vielen Dattelpalmen.

Hier findet man nur unter der Oberfläche Wasser, begraben unter Tonnen von Sand. Man muss breite, tiefe Löcher ausheben, damit die Wurzeln der Palmen bis zum Grundwasser reichen. Die Ränder dieser kreisrunden Landsenken umgeben Einzäunungen aus Palmwedeln, die die Oase wie künstliche Dünen vor den verheerenden Winden schützen. Die Ökologie der Ergoasen stützt sich vollkommen auf die Dattelpalme, die wahre Königin der Sahara.

Gemäß einem arabischen Sprichwort ist *Phoenix dactylifera* „mit ihren Füßen im Wasser und ihrem Kopf im Feuer des Himmels" eine übernatürliche Pflanze. Wann die Pflanze erstmals kultiviert wurde, ist nicht bekannt.

In einer babylonischen Abhandlung wird erklärt, wie nützlich sie ist und man preist 360 verschiedene Möglichkeiten, sie zu nutzen. Jahrtausende lang waren die Früchte der Dattelpalme das Haupterzeugnis ganzer Populationen. Die Menschen der Sahara können mindestens 25 Arten, anhand der Form, der Größe sowie der Konsistenz und der

Farbe des Fruchtfleisches, unterscheiden. Datteln liefern nicht nur viel Energie, sondern sind vor allem immer verfügbar. Richtig getrocknet und gepresst, werden die Früchte haltbar gemacht. Sie sind ein unentbehrliches Nahrungsmittel auf langen Reisen durch die Wüste. Der wertvolle Stamm der Palme ist oftmals das einzige Holz, das zur Verfügung steht. Die Stämme werden zu Brettern verarbeitet, aus denen man Dächer, Türen und Fenster herstellt. Die starken, biegsamen Wedel eignen sich ausgezeichnet für Dächer und Gewölbe.

Sie werden aber auch als Gebälk für Decken verwendet, die anschließend zum Beispiel mit Gips verkleidet werden. Aus den faserigen Blättern werden Matten gewebt und Körbe geflochten und aus der fermentierten Lymphe gewinnt man einen belebenden Trank, den so genannten Palmwein.

Das Auskommen der Landbevölkerung von Souf, die ein Drittel der Bevölkerung in der algerischen Sahara ausmacht, steht in engem Zusammenhang mit der Kultivierung der Dattelpalme.

Die städtischen Oasen des Mzab in der nördlichen algerischen Sahara sind zweifellos das beste Ergebnis menschlicher Anpassung an die Sahara. Das Plateau, das die Grenze von el-Oued markiert, ist einer der lebensfeindlichsten Orte, die man sich vorstellen kann. Das felsige Gelände, das Schluchten und Klammen durchfurchen, erschwert den Verkehr. Der Grundwasserspiegel liegt in bis zu 120 m Tiefe.

Im Sommer können die Temperaturen rasch auf 50 °C ansteigen. Es regnet nur selten, bestenfalls 15 Tage im Jahr. Trotzdem ist es den Bewohnern dieser unwirtlichen Gegend gelungen, die Einöde in einen angenehmen Lebensraum zu verwandeln. Die 200 000 Palmen und die Gärten, die das Ufer eines ausgetrockneten Flusses säumen, benötigen viel Wasser. Das hydraulische System, dem das Mzab seine Prosperität verdankt, besteht aus Dämmen, die den Lauf des Wadis und seiner Nebenarme blockieren.

So werden die großen unterirdischen Reservoire gespeist, die die geologische Struktur des Plateaus bestimmen. Mehr als 300 Brunnen erreichen den Grundwasserspiegel. Einige davon sind über 100 m tief und es muss Monate gedauert habe, sie auszuheben. Über Bewässerungskanäle fließt das Wasser direkt in die Auffangbecken, quert die *kes-*

ria und erreicht die Felder.

Mensch und Natur sind in Einklang. Im Mzab verschmelzen spirituelle und praktische Bedürfnisse harmonisch miteinander. Sie kommen in den Entwürfen der Stadtpläne und in der Gestaltung der Privathäuser zum Ausdruck, die Genügsamkeit und Intimität ausstrahlen. Die Marktwirtschaft hat zu tief greifenden Veränderungen im sozialen und wirtschaftlichen Gefüge der Mozabiten geführt, wenngleich der Cashflow der Bevölkerung ermöglicht zumindest den Schein ihrer charakteristischen Traditionen zu erhalten.

Andere Oasenregionen hatten weniger Glück. Sie sind aufgrund ihrer geographische Lage gestraft, leiden unter Überbevölkerung oder sind vom neuen nationalen Fernmeldenetz abgeschnitten. Ihr Niedergang ist vorherbestimmt. Djanet, Gadames sowie die Oasen der Ténéré und Mauretaniens waren einst bedeutende Stationen für die Karawanen. Heute stehen sie am Rand der Gesellschaft der Sahara und werden nur noch gelegentlich von gleichgültigen Touristen besucht, die stets in Eile sind. Andere Orte, wie Touggourt und Wargla, haben brutale Veränderungen erlitten, die die ursprünglichen Konturen der Niederlassung ausgelöscht haben. Wargla ist zum Dienstleistungszentrum der Ölstadt Hassi-Messaoud geworden mit einer unüberlegten und destruktiven Urbanisation. Neue Städte werden an Orten aus dem Boden gestampft, an denen einst die Nomadenstämme der Gegend kampierten.

Arlit in Niger ist ein klassisches Beispiel für eine Oase des 20. Jahrhunderts: ein künstliche Transplantat einer „europäischen" Stadt inmitten der Wüste, kreiert, um Bedürfnisse zu befriedigen, die den lokalen Gemeinschaften vollkommen fremd sind. Arlit wurde 1971 ohne Plan auf einer trostlosen Ebene angelegt. Man wollte von dort aus die riesigen Uranlagerstätten ausbeuten.

Bars, Schwimmbäder, Restaurants und Hotel sind ausnahmslos den Minenarbeitern vorbehalten, die wie eine Kolonie Außerirdischer für sich leben, ohne einen Bezug zu der Welt zu haben, die sie umgibt. Die Oase als Zentrum des Handels, in dem die ökonomischen und menschlichen Ressourcen der Sahara sinnvoll verwertet werden, existiert an solchen Orten nicht mehr.

236 Die Oase Gadames im Nordwesten von Libyen liegt in strategisch günstiger Position an der Karawanenstrasse, die von Tripolis zum Tschadsee verläuft. In der Vergangenheit spielte sie eine führende Rolle im Transsahara-Handel. In den Gesichtern der Bewohner spiegeln sich die originären Züge der antiken Berberkultur wider.

237 LINKS Die Strassen von Gadames bilden ein Geflecht aus verschlungenen Gassen, die mit Bogen überspannt sind.

237 RECHTS Gemäss dem lokalen Glauben schützt die Krenelierung, die über den Terrassen von Gadames thront, vor bösen Mächten.

238–239 Einst war die Oase Siwa ein wichtiger Treffpunkt für die Karawanen. Sie erstreckt sich bis zu einem befestigten Dorf mit dicht gedrängten Lehmziegelbauten, das heute dem Verfall preisgegeben ist.

KARAWANEN
UND SALZSTRASSEN

Mit der Ankunft der Araber wurde die Sahara Teil des internationalen, weit gespannten Handelsnetzes, das die islamische Welt von Marokko bis Indonesien verband. Die Wüste wurde von Nord nach Süd mit Straßen überzogen, die mehrere Zwischenstationen kreuzten: Produktionsstätten für Lebensmittel und Salzzentren. Salz gibt es in der Sahara im Überfluss, in Schwarzafrika dagegen selten. Man tauschte es gegen Gold und landwirtschaftliche Produkte der Savanne. Außerdem handelte man mit unzähligen anderen Waren: Aus der Sahara kamen Datteln, aus Indien stammten Glasperlen, Eisen- und Zinndraht, Bronzeblech, Kattun und Seide und Andalusien steuerte Papier und vollkommenen Marmor bei. Das tropische Afrika lieferte Sklaven, Elfenbein, Straußenfedern, parfümierte Harze und andere exotische Artikel und Luxusgüter. Die wichtigsten Routen gingen von Marokko, Tunis und Tripolis aus. Vor allem Karawanen wagten das große Abenteuer. In den Oasen, die als Sprungbrett in Richtung Süden dienten, wurden die Karawanen abgeladen, gemäß ihrem Reiseziel in verschiedene Gruppen eingeteilt und wieder beladen. Die Oasen von Touat bildeten aufgrund ihrer geographischen Lage den bekanntesten Knotenpunkt, eine extrem wichtige Region, in der die Waren aus den mediterranen Häfen und dem Beled es Sudan, dem Land der Schwarzen, gesammelt und sortiert wurden. Die libyschen Oasenstädte Mursuk, Ghat und Gadames sowie die Städte Tichitt und Wadane in Mauretanien spielten die gleiche Rolle. Demselben Schema folgte man im Süden der Sahara. Auf dem Niger diente allerdings die Piroge als Transportmittel zwischen Timbuktu und Gao und den Handelsstädten des Deltas im Binnenland.

Eine der beschwerlichsten Routen verlief von Fes über Marrakesch bis Sijilmassa. Von dort aus brachen die Karawanen erneut zu den Salzminen von Taghaza und Taoudenni auf. Die Ware wurde wiederum sortiert und anschließend ging die Reise weiter nach Walata und Timbuktu. Die Straßen, die das westliche Mauretanien passierten, und jene, die zu den Oasen von Libyen führten, endeten ebenfalls in Timbuktu, wobei sie den Hoggar und Djanet durchquerten. Zwischen Tunis und Touat herrschte regelmäßiger Verkehr. Ein wichtiger Halt war Gadames, von dort brachen die Karawanen nach Ghat und Djanet auf, um anschließend nach Agades weiterzuziehen, der Zentrale für

242 DEN SALZTRANSPORT (BEIDE FOTOS) BETREIBEN IN MALI VOR ALLEM DIE BERABICH, EINE BERUFSGRUPPE, DIE AUS VERSCHIEDENEN ETHNISCHEN GRUPPEN BESTEHT, VORWIEGEND JEDOCH AUS BERBERN. IN TAOUDENNI, 800 KM NÖRDLICH VON TIMBUKTU, WIRD DAS SALZ EXTRAHIERT UND IN PLATTEN GESCHNITTEN. EINE PLATTE WIEGT ETWA 30 KG.

243 OBEN UND UNTEN DIE KLEINE OASE FACHI FUNGIERT ALS ZWISCHENSTOPP AN DER SALZSTRASSE, DIE DURCH DIE TÉNÉRÉ VON BILMA NACH AGADES VERLÄUFT. NOCH HEUTE LEGEN TAUSENDE VON DROMEDAREN, BELADEN MIT SALZ, DIE 600 KM LANGE STRECKE IN WENIGEN WOCHEN ZURÜCK. DAS SALZ WIRD IN SELTSAM GEFORMTE HOLZGEFÄSSE GEFÜLLT. DIE KONISCHE FORM DER GEFÄSSE IST FÜR DAS BELADEN DER TIERE UND FÜR DEN TRANSPORT HÖCHST UNGEEIGNET, WAS DIE TUAREG JEDOCH NICHT ZU STÖREN SCHEINT.

den Handel mit Kano und Katsina, Staaten der Hausa. Agades war wiederum mit Gao und den Salzminen von Kawar verbunden. Hier verlief die Straße, die den Fessan mit dem Tschadsee verband. Im Osten trieb man in erster Linie entlang dem Nil Handel. Traversierende Wege durch die Provinz Darfur und die Libysche Wüste waren zu lang und beschwerlich. Man gab sie rasch auf und wählte leichtere Routen in Küstennähe, die sich von Tripolis über die Oase Siwa bis nach Kairo erstreckten.

Die Karawanen die noch immer den antiken Straßen durch die Sahara folgen, transportieren heute nur noch Salz und einige inländische Erzeugnisse, vor allem Datteln und Hirse. Es wäre jedoch falsch, zu glauben, die Karawane habe ausgedient. In der Sahara und im Sahel betrifft

die gefeierte Geldwirtschaft nur eine Hand voll Menschen. Alle anderen – Millionen von Menschen – leben von den Früchten ihrer Felder oder von ihren Tieren. Sie sind die Kunden der Karawanen. Für Lastwagentransporte muss ein Straßennetz existieren, das das ganze Jahr über genutzt werden kann und entsprechend den Gesetzen des Marktes angelegt ist. Die Strecken müssen schnell zu bewältigen und lukrativ genug sein, damit sich die hohen Benzin- und Wartungskosten für die Fahrzeuge amortisieren, Bedingungen, die in Afrika nicht immer erfüllt sind. Die Karawanen arbeiten vollkommen anders. Die Dauer des Transports ist unwichtig und es fallen keine Kosten für die Beförderung an. Stirbt ein Dromedar unterwegs, ist der Erfolg des Unternehmens dadurch nicht gefährdet und der Tod des Tieres bedeutet keinen Totalverlust. Sein Kadaver wird zu Fleisch verarbeitet und zu Produkten, die der Wirtschaft der Nomaden zuträglich sind. Außerdem kosten Dromedare weniger als Lastwagen. Der Saharahandel entspricht zwar nicht mehr dem Transsahara-Handel, aber es gibt ihn noch, denn in vielen Gebieten der Wüste

ist er einfach praktischer. Über die alte Salzstraße von Taoudenni beispielsweise reisen noch heute hunderte von kleinen Karawanen, die einen blühenden Markt entlang dem gesamten Mittellauf des Niger versorgen. Salz wird zwar nicht mehr in Gold aufgewogen, es ist jedoch zu einem strategischen Artikel geworden. Im Gegensatz zu Meersalz, dem man eine schlechte Qualität zuschreibt, sagt man dem Salz aus den Minen der Sahara nach, dass es eine übernatürliche Wirkung bei Mensch und Tier zeige. Das in am meisten gelobte Salz stammt aus Amadror und jenes aus Taoudenni ist bekannt für seine Heilwirkung.

In Form von Blöcken oder gepressten Riegeln, in Stücke zersägt oder zu grobem Granulat verarbeitet, erreicht das beliebte Gewürz die Märkte im gesamten tropischen Afrika. Von diesen Transaktionen leben Handelsmakler, kleine Kaufleute, Verleiher von Pirogen, Pirogenhändler und ihre Familien.

In der Sahara gruppieren sich die Salzminen in entlegenen, unzugänglichen Gebieten mehr oder weniger um den Wendekreis des Krebses. Zu den bedeutendsten Lagerstätten gehören Idjil und Tichitt in Mauretanien; Taghaza und Taoudenni in Mali; Bilma, Fachi, Seguedine und Tegidda N' Tessoumt in Niger; Bedo und Demi im Tschad. Der Transport des Minerals obliegt überwiegend den Karawanen, autarke, mobile Strukturen, die lange Zeit ohne Proviant auskommen. Ein Kamelrücken dient nicht nur zum Befördern der Ware, sondern er versorgt das Tier auch mit allem, was es braucht: Wasser, Nahrung und Schutz. Die Effizienz der Karawane schränkt nicht das Tier ein, sondern der Mensch. Ein Dromedar kann bis zu 150 kg tragen und eine unbegrenzte Zeit laufen.

Die riesigen Mehari der Tuareg, die einst für lange Raubzüge eingesetzt wurden, können pro Tag 200 km in jedem Gelände zurücklegen.

Auf Sand sind sie mindestens ebenso leistungsfähig wie ein motorisiertes Fahrzeug und sie brauchen kein Benzin. Außerdem kann eine Person viele Kamele führen. Die Vorteile einer Karawane liegen also auf der Hand. Karawanen folgen einem äußerst effizienten Prinzip, das man detailliert untersuchen sollte. Jedes Jahr zu Beginn des Winters brechen die Tuareg, die im Aïr leben, zu den Salzminen von Bilma auf. Auf ihrer Reise legen sie 500 km zurück und durchqueren die Ténéré.

244 UND 244–245 Durch Evaporation wird ein rötliches Salzgranulat aus den Salzminen von Fachi extrahiert. Die Kanuri, ein schwarzes Volk, einst Sklaven der Tuareg, sind für die Salzgewinnung verantwortlich.

246–247 Diese Karawane transportiert Salz aus der Sebkha im Norden von Mauretanien. Das weisse Gold ist für die Märkte im Senegal und in Mali bestimmt.

247 OBEN Auf dem 20-tägigen Marsch von Taoudenni nach Timbuktu müssen die Dromedare täglich eine Last von annähernd 150 kg tragen.

247 UNTEN Unterwegs auf der Salzstrasse von Taoudenni. Die Ladung muss regelmässig überprüft werden. Wenn die Salzplatten unterwegs zerbrechen, sind sie wertlos.

248, 249 UND 250–251 DIE ENDLOSE SAHARA BIETET NOCH IMMER PLATZ FÜR KARAWANENTRANSPORTE. ALLJÄHRLICH LEGEN TAUSENDE VON DROMEDAREN DIE STRECKE VON FACHI NACH BILMA UND UMGEKEHRT ZURÜCK.

252–253 DIE DÄMMERUNG UMFÄNGT EINEN KAMELTREIBER MIT SEINEM TIER AUF DER STRASSE IM SOBOROM-TAL IM TIBESTI. IN DER SAHARA BILDEN MENSCH UND DROMEDAR EINE UNTRENNBARE EINHEIT.

254–255 EINE GROSSE KARAWANE AUF DEM WEG ZU DEN SALZMINEN VON BILMA (NIGER). SIE HAT HANDELSGÜTER UND LANDWIRTSCHAFTLICHE PRODUKTE GELADEN, DIE GEGEN SALZ EINGETAUSCHT WERDEN.

DIE WÜSTENSCHIFFE

Eine typische Karawane umfasst zehn Männer und 100 Kamele. Die Fracht besteht vor allem aus Hirse und Baumwollstoff und wird gegen Salz getauscht. Das Salz wird durch Evaporation gewonnen. Es wird noch feucht in Mörsern pulverisiert und anschließend in hölzerne Gefäße gepresst, die die Form eines Kegelstumpfes haben. Die Riegel wiegen etwa 15 kg, werden in Matten aus Palmblättern verpackt und gewissenhaft an den Packsätteln befestigt. Außerdem führen die Karawanen Wasservorräte, Datteln und Kameldung mit sich. Letzterer wird auf der Reise als Brennmaterial zum Kochen verwendet. Jedes Kamel trägt vier bis sechs Salzriegel, den benötigten Proviant, mehrere Wasserbeutel aus Leder oder Därmen, etwas Viehfutter und das Reisegepäck – insgesamt 120 bis 140 kg. Die ersten Stunden der Reise sind extrem wichtig, eine Teststrecke, die über den Erfolg der Operation entscheidet. Der Karawanenführer gibt Anweisung, die Packsättel nachzuziehen und jeder Einzelne ist darum bemüht, dass die Reise reibungslos verläuft. Die Reisegeschwindigkeit wird ständig überprüft, um sicherzustellen, dass in der Stunde durchschnittlich 3 bis 4 km zurückgelegt werden. Jeder Mann führt zehn Dromedare, die mit einem Strick in gleichem Abstand aneinander gebunden sind. Die Kamele werden kaum geritten. Meist gehen die Tuareg zu Fuß, Schritt für Schritt durch den weichen, heißen Sand. Lange nach Sonnenuntergang schlagen sie ihr Lager auf. Sobald das Sternbild Orion am Himmel erscheint, ist es an der Zeit, zu rasten. Die Tuareg nennen den Orion *amanar*, „Führer". Auf dem Rückweg weist Venus, der Abendstern, der Karawane den Weg. Die Karawane legt am Tag 40 km in einer Landschaft zurück, in der es keine Grenzsteine gibt. In der Nacht lassen sich die Dromedare auf die Knie nieder, werden abgeladen, an den Vorderbeinen gefesselt und sorgfältig untersucht, um sicherzugehen, dass die Packsättel die Tiere nicht wund gescheuert haben und dass ihre Hufe in Ordnung sind. Es herrscht eine strenge Ordnung innerhalb des Camps, sodass gewährleistet ist, dass man am nächsten Morgen ohne Verzögerung aufbrechen kann. Sechs Tage später erreicht die Karawane die Oase Fachi. Hier macht sie Halt, um ihre Wasservorräte aufzufüllen, Neuigkeiten mit anderen Karawanen auszutauschen und ein wenig Handel zu treiben. Von

Fachi aus geht die Reise fünf Tage weiter zur Oase in der Ténéré. Dann folgt Tazolé und schließlich Agades. Dort endet die lange Reise, allerdings nicht für alle Karawanen. Viele ziehen weiter zu den Märkten Nordnigerias, auf denen sie Salz gegen mit Indigo gefärbten Kattun und gegen Hirsesäcke tauschen. Anschließend kehren die Tuareg in ihre Lager im Aïr zurück – der Kreislauf ist bis zur nächsten Saison geschlossen. Benötigte Zeit: 70 bis 90 Tage. Gewinn: kaufen bei eins und verkaufen bei 15. Zeit und Aufwand bleiben unberücksichtigt. Die Karawane hat einen strapaziösen und riskanten Job zu erledigen: Wenn sie vom Weg abkommt, kann das Abenteuer in einer Tragödie enden. Die Mahlzeiten sind einfach: Hirsebrei, Milch, Datteln und gesüßter Tee, insgesamt nicht mehr als 1500 Kalorien am Tag. Die Hoggartuareg unternehmen noch längere Reisen. Sie ziehen von den Salzminen von Amadror bis in den nigerianischen Sahel. Hin- und Rückreise dauern jeweils eineinhalb Monate. Neben Salz transportieren die Karawanen in Ballen verpackte, getrocknete Heilpflanzen, deren Wirkung in den südlichen Dörfern bekannt ist und gepriesen wird. Eine einzige Tasche mit dieser Medizin ist so viel wert wie eine Ladung Hirse. Nachdem man den besten Preis ausgehandelt hat, machen sich die Karawanen wieder auf den Weg Richtung Norden. Neben Getreide führen sie hölzernes Kochgeschirr, Kamelsättel, Sandalen, Indigo, gefärbte Schleier und andere Waren mit sich, mit denen sie auf den Märkten in ihrer Heimat gute Preise erzielen.

Es gibt auch wesentlich kürzere Touren um die Salzminen von Tegidda N'Tesemt, westlich von Agades, an den Randzonen der Sahara. Die Kel Gress und andere Nomaden oder Halbnomaden aus dem Sahel versorgen die Bewohner dieser Gegenden mit Hirse, getrocknetem Gemüse, irdenen Krügen und Kürbisflaschen. Im Austausch dafür erhalten sie Salz und Datteln, die in den Palmenhainen von In Gall gedeihen, unweit der Minen. Einige Gruppen, wie die Iberogan, Tuareg aus der Gegend von Tahoua, handeln mit *taferkast* („Salzerde"), das die Ebenen um Tegidda N'Tesemt bedeckt, etwa 300 km von ihrem Weideland entfernt. *Taferkast* kostet nichts, außer dem Aufwand es einzusammeln. Hirten schwören darauf, vor allem im Hochsommer, wenn die erschöpften, unterernährten Tiere das Salz bitter nötig haben. Abgesehen von Salzlieferungen werden heute fast alle Transporte in der Sahelzone von Fahrzeugen übernommen. Mit Dromedaren werden nur noch die entlegendsten Dörfer besucht. Das Ergebnis des lautlosen Kampfes zwischen Kamel und Lastwagen ist noch in der Schwebe. Der Handel mit dem Kamel ist das Einzige, was den Lebensstil und die Identität der Völker in der Sahara noch schützt. In der Sprache der Tuareg heißen die Salzkarawanen *azalai,* was bedeutet, „auseinander gehen und sich dann wieder treffen". Mit diesen wohl überlegten Worten, wird einmal mehr deutlich, dass man in der Sahara nicht lebt, sondern dass man sie nur durchquert.

256 EINE HERDE AUF STAUBIGER STRASSE IM DORF TAMEGROUTE IM TAL DES DRAA. NEBEN DER LANDWIRTSCHAFT BETREIBEN DIE MENSCHEN IN SÜDMAROKKO AUCH VIEHWIRTSCHAFT.

257 OBEN LINKS SCHAFE UND ZIEGEN, WIE DIESE HERDE NAHE TOZEUR (TUNESIEN), SIND WERTVOLLE GÜTER DER NOMADEN IN DER SAHARA, DENN SIE GEBEN SICH SELBST MIT DEM KARGSTEN WEIDELAND ZUFRIEDEN.

WEIDELAND

In der Sahara legen Mobilität und Migration die Grenzen des Weidelandes fest – es entsteht eine Landkarte, die die Wanderrouten ebenso reflektiert wie temporäre und permanente Wasserstellen und Quellen, die Vegetation an verschiedenen Orten und zu verschiedenen Zeiten des Jahres, die Orte, an denen die Lebensmittel aufgefüllt werden, und die Salzlagerstätten. Der jährliche Kreislauf des Weiterziehens von einer Weide zur nächsten ist abhängig von einem wesentlichen Element: Regen. Regen- und Feuchtperioden zwingen die Menschen, sich auf die endlose Reise von Weideland zu Weideland zu begeben, von Süd nach Nord und wieder zurück. Wie lange solche Wanderungen dauern, hängt davon ab, wie weit das Weideland der Regenzeit von jenem der Trockenzeit entfernt ist.

Die sommerliche Regenzeit ist eine Zeit des Überflusses. Überall wächst das Gras und das Wasser sammelt sich in Tümpeln und in natürlichen Becken, die den Tieren frei zugänglich sind. Dies ist die Zeit der „Salzkuren".

Mensch und Tier machen sich auf die lange Reise zu den Orten, an denen es reiche Mineralsalzvorkommen gibt.

Mineralsalze sind für die Tiere lebensnotwendig. Spät im Winter sind die Hirten gezwungen nach Süden zu ziehen. Dort gibt es selbst in dieser Trockenzeit einige kärgliche Weiden, die sich um die letzten permanenten Wasserstellen gruppieren.

Die Kababisch, Kamelhirten aus dem nördlichen Sudan, nutzen das Land gemäß einem genau festgelegten Kalender. Während der heißen, trockenen Monate versammeln sie sich entlang den ausgetrockneten Flussbetten des nördlichen Kordofan. Hier gibt es das ganze Jahr über Wasser und die Kababisch ziehen auf der Suche nach neuem Weideland von einer Wasserstelle zur nächsten. Sie legen dabei oft lange, erschöpfende Strecken zurück. Mit dem Einsetzen der ersten Regenfälle im Juni brechen die Stämme in Richtung Norden auf und ziehen bis Oktober umher. Dies ist die Zeit des *nusgugh,* des großen Exodus in die Wüste. Jede Gruppe folgt einem sicheren Pfad, von dem sie nicht abkommen kann. Wenn das Weideland im Januar abgegrast ist, ist es an der Zeit sich schnellstmöglich an die Wasserlöcher im Süden zurückzuziehen. Damit hat sich der Kreis bis zur nächsten Abreise geschlossen.

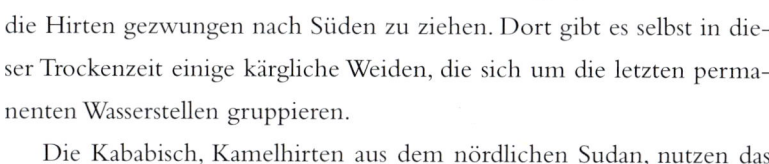

257 OBEN RECHTS DONNERSTAGS ERWECKT DER MARKTTAG DIE STADT DOUZ (TUNESIEN) ZUM LEBEN. DER AUSTAUSCH VON VIEH UND NAHRUNGSMITTELN IST DAS ERGEBNIS KOMPLIZIERTER VERHANDLUNGEN, DIE DEN GANZEN TAG DAUERN KÖNNEN.

257 UNTEN IN DER SAHARA KEHREN DIE HERDEN VOR EINBRUCH DER NACHT IN DIE DÖRFER UND LAGER ZURÜCK, WIE HIER IN TAMEGROUTE. TIERE VON GERINGEREM WERT, WIE SCHAFE UND ZIEGEN, WERDEN OFT VON KINDERN GEHÜTET.

258 LINKS UND RECHTS Schafe und Ziegen sind in der Sahara weit verbreitet, da sie lange Dürreperioden überstehen und die seltenen Wüstenpflanzen optimal nutzen. Hartnäckig verspeisen sie sogar Blätter und Sämlinge von Dornbüschen.

259 OBEN Nahe Chinguetti (Mauretanien) bietet die Wüste selbst den anpassungsfähigen Ziegen nur wenig.

259 UNTEN Die Tuareg im Aïr (Niger), kennen die Lage der permanenten Wasserstellen genau. Auf ihren Wanderungen sind diese Wasserlöcher lebensnotwendige Haltepunkte.

Andere Wüstenbewohner bewegen sich auf kürzeren Strecken im Kreis. Die Kel Telataye, Tuareg aus Ostmali, ziehen vor allem in der Regenzeit in Richtung der salzigen Landstriche im Norden. Unterwegs schlagen sie nur kurz ihr Lager auf, maximal drei bis vier Tage hintereinander. Zwischen November und Januar wandern sie langsamer von einem Ort zum nächsten. Die Tiere weiden das letzte Gras ab, während sie gemächlich weiter nach Süden ziehen. Ab Februar lassen sich die Kel Telataye nahe der Wasserstellen um das Dorf Menaka nieder. Sie bleiben einige Monate in dieser Gegend in bedenklicher Entfernung zwischen

niger betuchte Gruppen haben nur eine Chance: Sie müssen ihre Kräfte aufteilen. Einige der starken Männer bleiben auf dem Feld, während die anderen, in der Regel die Jüngsten, sich auf die lange Reise gen Norden machen. Der Marsch ist hektisch. Innerhalb weniger Wochen legen die Herden hunderte von Kilometern zurück. Sie verweilen nicht länger als nötig an den Salzlagerstätten.

Damit Mensch und Tier dieses Tempo halten können, ist die Ausrüstung auf das Notwendigste beschränkt. Alles, was nicht auf einem Kamel oder Esel transportiert werden kann, ist unnötiger Balast. Zelte, Symbol des Nomadendaseins, kommen den Anforderungen der Umherziehenden, am besten entgegen. Für die Nomaden ist das Zelt mehr als ein Schutz vor den Unbilden der Wüste. Es bestimmt den Seelenzustand, ist Heimat ihrer Träume und Erinnerungen, von denen sie lange Zeit getrennt sein können und zu denen sie stets freudig zurückkehren.

Die Größe des Zeltes hängt vom Reichtum seines Besitzers ab, im Durchschnitt ist es allerdings nicht größer als 20 m². Selten sieht man nur ein einzelnes Zelt. Normalerweise besteht ein Lager aus verschiedenen Zelten, die in einer Reihe stehen oder auf einem relativ weiten Gebiet verteilt sind. Ein typisches Camp besteht aus etwa 15 Zelten, die verschiedenen Familien gehören, die nah miteinander verwandt sind. Ein Zelt kann man überall aufstellen, die Hirten sind jedoch Gewohnheitsmenschen und versuchen, ihr Lager jedes Jahr am gleichen Platz aufzuschlagen. Während der Regenzeit bevorzugen sie erhöhte, sandige Plätze, an denen sich das Wasser nicht sammelt. In der Trockenzeit kampieren sie lieber in der Nähe von Bäumen, die ein wenig Schatten spenden.

Weideland und Wasserstellen. Mit der Ankunft des Regens im Juli beginnt der Kreislauf von neuem.

Gruppen, die in südlicheren Regionen leben, wo mehr Regen fällt, versorgen ihre Tiere, indem sie Getreide anbauen, vor allem Hirse. Sie müssen sich nicht nur um den Viehbestand, sondern auch um die Felder kümmern, deshalb folgen ihre saisonalen Wanderungen einem dualen Kalender. Die Pflanzzeit zu Beginn der Regenzeit fällt mit der unumgänglichen Abreise auf der Suche nach Weideland zusammen. Ähnlich verhält es sich mit der Erntezeit. Wenn die Hirten zur Ernte auf dem Feld sein wollen, müssen sie frühzeitig zurückkehren. Die Tatsache, dass die landwirtschaftlichen Gebiete weit entfernt von den Salzlagerstätten liegen, unterstreicht den Widerspruch noch. Die Zeit arbeitet gegen die nomadisierenden Bauern. Die reichsten Stämme, wie die Kel Gress in Südnigeria, wissen ihre Ernten bei professionellen Bauern in guten Händen und können ihnen auch das Pflanzen teilweise überlassen. We-

Das Zelt ist in der Hand der Frau. Wenn es zu einer Trennung kommt, nimmt sie das Zelt mit. Dem Ehemann bleibt nichts anderes übrig, als im Freien unter den Sternen zu schlafen. Im Innern kann das Zelt mit Wandschirmen aus Tüchern oder geflochtenem Stroh in verschiedene Bereiche unterteilt sein.

260 UND 261 FÜR DIE NOMADEN DER SAHARA DIENT DAS ZELT IN ALL SEINEN ERSCHEINUNGSFORMEN NICHT NUR ALS SCHUTZ VOR DEN UNBILDEN DER WITTERUNG, SONDERN VOR ALLEM ALS ZENTRALER TREFF-PUNKT FÜR DIE FAMILIEN UND ALS ORT DES SOZIALEN LEBENS DER HIRTEN.

262–263 GROSSE CAMPS, WIE DIESES IN DER ALGERISCHEN SAHARA, WERDEN NUR AN BEDEUTENDEN FEIERTAGEN UND FÜR WICHTIGE FESTE AUFGESCHLAGEN. SOLCHE ZUSAMMENKÜNFTE WERDEN JEDOCH IMMER SELTENER.

264–265 DAS INTERIEUR EINES ZELTES KANN VERSCHWENDERISCH ODER BESCHEIDEN SEIN, ENTSPRECHEND DEN WIRTSCHAFTLICHEN VERHÄLTNISSEN DES EIGENTÜMERS. TEPPICHE UND MATTEN DOMINIEREN DEN RAUM ALLERDINGS IMMER.

Auf dem Boden werden Teppiche oder Matten ausgebreitet. Das hölzerne Bett, das mit zusammenklappbaren Füßen und Pfosten ausgestattet ist, ist das einzig wichtige Möbelstück. Oftmals schmücken es Decken und Lederkissen. Nahrungsmittel werden in Lederbeuteln aufbewahrt, die an Pfosten hängen oder in einer Ecke des Zeltes auf dem Boden liegen. Darüber hinaus findet man nur wenige Gegenstände: Kochgerät, Töpfe, eine verriegelte Kiste mit Schmuck oder anderen wertvollen Dingen, Wasserflaschen aus Ziegenleder, Terrakottakrüge für Milch und Butter, Sättel und Geschirre.

In der Sahara gibt es zwei Grundtypen des Zeltes mit unzähligen Variationen und Kombinationen, die vom Baumaterial abhängig sind, das zur Verfügung steht, und von den natürlichen Gegebenheiten. In der nördlichen Sahara und in Mauretanien, wo die Araber großen und anhaltenden Einfluss genossen, dominiert das schwarze Zelt der Beduinen. Es wird von den Chaamba, den Ouled Sliman, den Reguibat, den Tekna und den arabisch-berberischen Stämmen Marokkos und Südalgeriens verwendet. Die Kababisch aus dem Sudan benutzen ein ähnliches Modell, das jedoch in Anpassung an ein heißeres Klima größer und komplexer ist. Zelte die in der Zentralsahara und im Sahel zum Einsatz kommen, sind in der Regel halbkugelförmig.

Das schwarze Zelt der Tuareg ist der Prototyp dieses Stils. Es besteht aus Ziegen- oder Kamelhaartuch, das aus einzelnen Stoffstreifen hergestellt wird, die 40 bis 70 cm lang sind und aneinander genäht werden. Das Tuch wird von einem Gitter aus zwei oder mehr hölzernen Stangen gestützt, die oben miteinander verbunden sind und auf dem Boden ruhen. Damit erhält das Zelt sein typisches Aussehen. Die Verspannungen aus Seil oder Leder sind sehr lang und werden an großen Holzpfosten festgebunden. Das Zelt der Tuareg ist zwar niedrig und relativ klein, es hat jedoch den Vorteil, dass es sich schnell aufstellen und abbauen lässt und von einem einzigen Dromedar transportiert werden kann.

Die Zelte anderer Stämme sind völlig anders aufgebaut. Das Gerüst besteht aus einem einzigen Pfosten in der Mitte, der von vier seitlichen Pfählen gestützt wird, die paarweise über seitliche Stangen miteinander verbunden sind. Die Zeltwände bestehen aus gegerbtem Ziegenleder, das in einem geometrischen Muster zusammengenäht wird. Für ein Zelt von durchschnittlicher Größe werden etwa 60 Felle benötigt. Die Zeltgröße hängt davon ab, wie viele Tiere eine Familie besitzt.

Man hat in Niger schon Zelte der Kel Dinnik gesehen, deren Wände aus 150 Fellen gefertigt waren, groß genug für mehrere Dutzend Menschen. Eine Konstruktion, die unter den südlichen Tuareg weit verbreitet ist, besteht aus mehreren parallel verlaufenden Bogen, die wie eine Portikus angeordnet sind. Dieses Bauwerk wird mit Matten bedeckt, die aus den Blättern der Dumpalme oder aus anderem Pflanzenmaterial gewebt sind. Auch dieses Zelt lässt sich komplett zerlegen und problemlos transportieren. Es ist ökonomischer als ein Lederzelt, vor allem ist es jedoch kühler und luftiger.

Ob aus Wolle, Leder, Stroh oder Baumwolle, das Zelt identifiziert sofort das Gebiet eines Hirten. Die Territorien sind unterschiedlich groß und akribisch in topographische Sektoren unterteilt, die sich auf die landschaftlichen Gegebenheiten gründen.

266–267 UND 267 Diese Behausung wird von den Nomaden im Norden des Tschad bevorzugt. Das halbrunde Zelt gibt es in verschiedenen Ausführungen. Es wird von Holzpfählen gestützt, die so miteinander verbunden sind, dass sie eine Arkade formen. In der Wüste lässt sich ein solches Gerüst nur schwer ersetzen, da grosse Bäume selten sind. Deshalb wird es als Familienerbe eifersüchtig bewahrt. Das Gerüst wird anschliessend mit Matten aus Pflanzen bespannt.

Die Nomaden nehmen ihre Umwelt intensiv wahr. Selbst an Orten, an denen ein ungeübtes Auge keine Orientierungspunkte oder charakteristischen Merkmale erkennt, prägen sie sich bestimmte Unterscheidungsmerkmale ein. Die Ortsbezeichnungen in der Sahara erwecken die Geschichte derer zum Leben, die hier leben, oder sie beziehen sich auf die verfügbaren Ressourcen an einem bestimmten Platz oder auf eine bestimmte Route. In einer schwer fassbaren Umwelt wie der Wüste ist ein Oberbegriff nutzlos, zumindest, wenn es um etwas wirklich Wichtiges geht: Wasser und Vegetation.

Wasser bedeutet Leben und die verschiedenen Bezeichnungen für dieses Element, die in Zusammenhang mit bestimmten Pflanzen stehen, bilden die Grundlage für viele Ortsnamen. Die Tuareg unterscheiden zahllose Arten von Wasserspeichern, von der Pfütze bis zum künstlich

angelegten See. Ein *aguelman* ist ein natürliches Becken zwischen den Felsen (arabisch: *guelta*); *tegidda* bezieht sich auf eine schalenförmige Grube mit Regenwasser; *aguel hok* bedeutet „kleines Tal" (Name eines Dorfes im Tilemsi, Mali); *anu* bezeichnet einen tiefen Brunnen, im Gegensatz zu *ibankar*, „seichter Brunnen"; *fonfu* ist eine Pumpvorrichtung; und ersan bezieht sich auf Löcher, die in das Sandbett eines Wadis gegraben werden.

Die Ortsbezeichnung Tegidda N'Tesemt bedeutet „salziges Wasser"; Tegidda N'Tageyt heißt „Dumpalmenbad"; Ibankar-n-iklan ist ein „Dienerbrunnen"; Anu-n-agerof bezieht sich auf einen (tiefen) Brunnen von *Tribulus terrestris,* einem stacheligen Kraut; Agelman-n-tamat ist das Wasserbecken von *Acacia ehrenbergiana.* Andere Ortsnamen beziehen sich auf das tägliche Leben, wilde Tiere und Körperteile des Menschen.

In einigen Fällen erinnert ein Ortsname auch an ein denkwürdiges Datum oder an ein Ereignis aus der Vergangenheit oder er legt die Grenze eines Territoriums fest. So leitet sich der Name Agades zum Beispiel von dem Verb *egdez* ab, „besuchen", eingedenk dessen, dass die Nomadenstämme des Aïr ihrer Hauptstadt tief verbunden sind. Die Tuareg aus Mali, nennen die Region um Gourma, jenseits des Niger, Harabanda, „jenseits des Wassers": ein anderes Land, in dem die Wüstenmenschen Fremde sind.

Die Gebiete der verschiedenen Klans begrenzen unsichtbare Koordinaten, die festlegen, wie Wasser und Pflanzen genutzt werden. Auf dieser virtuellen Landkarte haben einige Orte eine besondere Bedeutung. Sie sind Grenzsteine in Raum und Zeit. Diese Orte werden seit alters frequentiert und sind für die Nomaden feste Sammelpunkte, an denen die Identität der Gruppe Gestalt annimmt, während sie in ihre gemeinsame Vergangenheit reist. Die spirituelle Inbesitznahme des Territoriums ist in der Sahara besonders wichtig, denn hier toleriert die Landschaft keine dauerhaften Zeugen der menschlichen Gesellschaft.

In Taouardei (Mali) bezeugen die Felsgravierungen und Gräber mythischer Vorfahren die Heiligkeit der Stätte, ein Tempel der kollektiven Erinnerung. Bei kürzlich durchgeführten Untersuchungen in Taouardei hat man mehrere Elemente entdeckt, die auf die symbolische und funktionale Rolle dieser Region hinweisen. In der Nähe permanenter Wasserstellen, die für die Hirten und ihre Tiere lebensnotwendig sind, gibt es Gebiete, die als Friedhof und Moschee genutzt werden, lediglich eine Felsgruppe im Sand. Außerdem hat man aufgehäufte Granitsteinblöcke als Haus der Vorfahren identifiziert. Eine in der Nähe entdeckte schwere Felsplatte, diente vielleicht als Lithophon. Taouardei ist noch heute ein bedeutender Ort der Nomadenkultur. Es ist kein Zufall, dass hier 1992 die Verhandlungen zwischen den Anführern der Rebellion der Tuareg und den Regierungsvertretern von Mali begannen. In der Sahara wird immer wieder an denselben Orten Geschichte geschrieben.

270   Kanister aus Kunststoff gehören heute zur Standardausrüstung der Nomaden. Für diesen sudanesischen Hirten sind sie eine willkommene Er-
gänzung zu seinen Behältern aus Ziegenleder.

271   Seit neue Brunnen unter der Aufsicht internationaler Hilfsorganisationen gegraben werden, hat sich das Leben der sudanesischen Hirten etwas verbessert. Dieses Vorgehen zieht jedoch oftmals Desertifikation und irreversible Umweltschäden nach sich.

272–273   Tuareg aus Niger heben einen Brunnen aus. Es kann Wochen dauern, bis sie den Grundwasserspiegel erreichen.

274 UND 275 OBEN LINKS DER VERFALL IN DEN STRASSEN VON WALATA (MAURETANIEN) KONTRASTIERT MIT DEN SCHÖNEN VERZIERUNGEN, DIE DIE BEHAUSUNGEN SCHMÜCKEN.

275 OBEN RECHTS UND 275 UNTEN EIN TYPISCHES FLUSSBOOT SEGELT AUF DEM NIGER (OBEN RECHTS). DIE MOSCHEE VON DJENNE (UNTEN) VERMITTELT EINEN EINDRUCK VOM EINSTIGEN GLANZ DER STÄDTE DER SAHARA.

276–277 IM DORF TIMIMOUN, AM RAND VON TOUAT IN ALGERIEN, DOMINIEREN DIE RUINEN DER FESTUNG, DIE HEUTE KAUM MEHRVON DEN UMGEBENDEN HÜGELN UNTERSCHEIDEN KANN.

WÜSTENHAUPTSTÄDTE

Die Natur einer Stadt wird in der Sahara von der Region bestimmt, die sie umgibt. Sie ist wie ein undurchdringliches Herz, das in sich ruht, gleichzeitig jedoch verkörpert sie genau das Gegenteil, eine Tür, die geöffnet wird, um in Kontakt mit Fremden und äußeren Einflüssen zu treten.

Die Städte, die an den Küsten der Wüste gegründet wurden, dienten als Anlaufhäfen für die Karawanen. Hier sammelten und konzentrierten sich Waren aus aller Herren Länder. Die großen Hauptstädte, die an der Nordküste der Sahara entstanden, wie Sijilmassa, Tahert und Sedrata, umgaben befestigte Mauern und waren in erster Linie bedeutende Handelszentren waren.

Im Süden war diese Tendenz noch offensichtlicher. Die Städte Timbuktu, Gao und Agades, die zwar im Verfall begriffen, aber noch immer voll pulsierenden Lebens sind, tragen noch heute die Merkmale kommerzieller Karawanenstädte, die sie einer nicht allzu fernen Vergangenheit verdanken.

Von den Städten des Maghreb, die sich parallel zum Atlasgebirge erstreckten, sind nur noch Ruinen erhalten. Die berühmteste war Sijilmassa in Südmarokko, nahe dem heutigen Rissani.

In Europa galt die Stadt als wichtigster Verkehrsknotenpunkt mit den afrikanischen Königreichen im Süden, wo es Gold im Überfluss gab. Kaufleute aus der gesamten islamischen Welt gründeten in Sijilmassa Handelsniederlassungen und die Stadt wurde zu einer der bedeutendsten Münzen der Almoraviden.

Sijilmassa wurde im 8. Jahrhundert von arabisch-berberischen Gruppen gegründet und spielte bis zu seiner Zerstörung durch einen mysteriösen Nomadenstamm aus dem Süden in der zweiten Hälfte des 14. Jahrhunderts eine entscheidende Rolle.

Aoudaghost, das südliche Zentrum der Transsaharastrecke, die in Sijilmassa begann, liegt heute in Trümmern, südlich der Verwerfung von Tichitt. Man nimmt an, dass in der Stadt einst mindestens 3000 Menschen lebten. Die Zahl konnte sich jedoch verdoppeln, wenn die großen Karawanen eintrafen. Die Almoraviden tilgten Aoudaghost um 1050 von der Landkarte des Transsahara-Handels. 30 Jahre später wurde Kumbi Saleh, die Hauptstadt von Ghana, geplündert. Damit setzte der langsame Verfall des Königreiches ein.

Als sich schließlich Mali erhob, ein neues Reich, verlagerte sich das Zentrum des Handels nach Westen und an die Ufer des Niger. Walata, Timbuktu und Gao wurden die neuen Stützpunkte des innerafrikanischen Handels.

Walata liegt in der Region Hodh (Mauretanien) und ist heute eine verschlafene, halb verlassene Stadt. Die kleinen würfelförmigen Häuser sind mit Gemälden und Reliefs geschmückt, die Eingänge und Wände zieren. Dargestellt sind Teile des menschlichen Körpers und gewundene arabische Texte. Die Stadt rivalisierte bis 1700 hinsichtlich Reichtum und Kultur mit Timbuktu. Heute hat sie nicht mehr als 300 Einwohner. Ihr Nieder-gang vollzog sich rasch.

Der einsetzende Sklavenhandel und die damit einhergehende Eröffnung neuer Handelsrouten in Richtung Meer erwies sich für viele Städte der Sahara als verhängnisvoll. Nur Agades und die Metropolen am Niger konnten sich den Veränderungen anpassen, die die neue internationale Situation auslöste.

278–279 Im 16. Jahrhundert erlebte Djenne seine Blütezeit. Der kommerzielle Erfolg der Stadt lag vor allem in ihrer geographischen Lage begründet, die es ihr erlaubte, vom Transsahara-Handel zu profitieren und sich gleichzeitig Zugang zu den landwirtschaftlichen Gütern und den Mineralen Schwarzafrikas zu verschaffen.

280–281 Mit der Erhabenheit einer mittelalterlichen Kathedrale dominiert die grosse Moschee von Djenne das Stadtzentrum. Das Gebäude wurde im heiligen Krieg, den Cheikou Amadou 1830 entfesselt hatte, zerstört und 1907 wieder aufgebaut. 90 riesige Pfeiler stützen das Bauwerk, das weltweit zu den bedeutendsten Monumenten aus Lehmziegeln gehört.

282-283 UND 283 Walata war einst so
wohlhabend, dass es mit Timbuktu in
Wettstreit trat. Hier verbergen sich
unerwartete Schätze: Hunderte von
Büchern, Manuskripten und historischen
Abhandlungen sowie Werke über
Geometrie und Astrologie liegen
geschützt in öffentlichen und privaten
Gebäuden. Die meisten dieser Werke
wurden bisher nicht katalogisiert.

284 OBEN VIELE HÄUSER IN TIMBUKTU SIND AUS LEHMZIEGELN ERBAUT, DIE IN SPEZIELLE FORMEN
GEPRESST UND IN DER SONNE GETROCKNET WERDEN.

284 UNTEN DIE ARCHITEKTUR TIMBUKTUS IST RELATIV EINFACH. AUS DER VOGELPERSPEKTIVE
BETRACHTET, WIRKEN DIE GEBÄUDE NÜCHTERN UND SCHLICHT.

285 OBEN LINKS DIE TUAREG HABEN IHRE LAGER UM DIE STADT AUFGESCHLAGEN. IN DER
VERGANGENHEIT STAND TIMBUKTU ZEITWEISE UNTER IHRER KONTROLLE.

285 OBEN RECHTS AUCH WENN IN TIMBUKTU NUR NOCH WENIGE TAUSEND MENSCHEN LEBEN, SO HAT SICH DIE STADT DOCH IHREN OFFENEN, KOSMOPOLITISCHEN CHARAKTER ERHALTEN.

285 UNTEN DJINGER-BER IST DIE ÄLTESTE MOSCHEE IN TIMBUKTU. IHR AUSSEHEN ERINNERT AN EINEN BETENDEN MENSCHEN.

TIMBUKTU, STADT DER LEGENDEN

Das Binnendelta des Niger bildete verschiedene Elemente, die sowohl symbolisch als auch praktisch miteinander verbunden waren. Gemäß der afrikanischen Tradition, sich Gebiete anthropomorphisch vorzustellen, war Timbuktu der Kopf einer riesigen Figur, deren Füße auf den Salzminen von Taghaza und Taoudenni ruhten. Der Niger verband sie mit Djenne, dem Bauch. Hier waren die Ressourcen konzentriert und hier wurden sie verarbeitet. San, Sofara und Mopti, Nebenhäfen, bildeten den Hals und die Arme, geöffnete Hände, die Waren aus Myriaden von Kanälen im Delta empfingen.

Unter den ersten Niederlassungen war Timbuktu der Garant für Kultur und Religion. Die Legende besagt, dass die Stadt im Jahr 1100 an einem Brunnen gegründet wurde. Dieser Brunnen wurde von einer berberischen Sklavin namens Bunctù, „Große Mutter", bewacht. Seine Lage zwischen dem Fluss und der Wüste machte Timbuktu zu einem idealen Ort des Handels und der Kontaktaufnahme. Es wurde sowohl von Karawanen besucht, die über die Wege der Sahara kamen, als auch von großen Pirogen, die in die Stadt segelten, beladen mit Produkten aus dem Süden. Timbuktu stand in Verbindung mit allen Zentren der nördlichen Sahara. Über Agades war es mit dem Tschadsee und Ägypten verbunden. Die ethnische Zusammensetzung der Stadtbevölkerung reflektierte dieses gigantische Beziehungsgeflecht. Berber, Araber, Marrokaner und Tripolitaner waren hier ebenso zu Hause wie die Mauren aus Spanien, die Mossi, die Haoussa, die Mande und die Songhai. Das Klima war von gegenseitiger Toleranz geprägt. Im 16. Jahrhundert zählte Timbuktu 100 000 Einwohner,

heute sind es kaum mehr 20 000. Zu jener Zeit war die Stadt ein kosmopolitisches Geschäftszentrum, ein heiliger Ort, vor allem aber eine Stadt der weisen Männer. Studenten aus der gesamten islamischen Welt studierten an der Universität, an der neben Religion auch Musik, Astronomie, Geometrie und Recht unterrichtet wurden.

Aus der Vogelperspektive sieht die Stadt wie eine eintönige Ansammlung rechteckiger, gräulich brauner Häuser aus. Die drei Moscheen von Timbuktu, Djinger-Ber, Sankore und Sidi Yahia, sind die ältesten im Sudan. Djinger-Ber erinnert an einen betenden Menschen. Die Moschee wurde in der ersten Hälfte des 14. Jahrhunderts erbaut, der ursprüngliche Kern des Bauwerks ist jedoch vermutlich älter. Die Andachtsräume, deren Decken von gleichförmigen Pfeilerreihen gestützt werden, sind neben einem langen offenen Hof angeordnet, der den Frauen vorbehalten ist. Im Norden erhebt sich ein quadratisches Minarett aus Lehmziegeln, das ein Netzwerk aus Holzbalken überzieht. Es dient dazu, das Gebäude zu verstärken und wird gleichzeitig als Gerüst für Reparaturen verwendet. Die Moschee Sankore ist ähnlich aufgebaut wie die Djinger-Ber. Sie entstand ein Jahrhundert später und beherbergte eine berühmte Fakultät. Sidi Yahia, das dritte religiöse Zentrum Timbuktus, ist einer der geachtetsten historischen Persönlichkeiten der Stadt geweiht. In ihrer Nähe befinden sich die Häuser, in denen die ersten europäischen Forscher wohnten: der Engländer Laing, der Franzose Caillé und der Deutsche Barth. Laing wurde auf der Rükkreise ermordet, doch Caillé und Barth erreichten ihre Heimat und machten ihrer Enttäuschung Luft. Das Timbuktu, das sie gesehen hatten, war weit entfernt vom

286 RECHTS Wie die modernen Einkaufszentren bieten die Geschäftsviertel in den Städten der südlichen Sahara nicht nur Waren, sondern auch Dienstleistungen an.

287 In Timbuktu findet man ausgedehnte Gemüsegärten, die terrassenartig angelegt sind und in konzentrischen Kreisen Richtung Brunnen absteigen.

288 UND 289 Massive Holztüren in maurischem Stil, geschmückt mit Beschlagnägeln und schmiedeeisernem Dekor blicken auf die verwinkelten Strassen von Timbuktu.

290–291 Auf dem Hallenmarkt von Timbuktu werden Gemüse, Getreide, getrockneter Fisch, Datteln und natürlich das wertvolle Salz aus Taoudenni verkauft.

Glanz vergangener Tage und die Karawanen aus Marokko und Libyen besuchten die Stadt nur noch selten. Dennoch beobachtete Barth, dass Mitte des 19. Jahrhunderts noch immer eine beachtliche Menge Gold auf der Straße von Gadames nach Tripolis transportiert wurde, während in Sachsen produzierte Malabarseide und rotes Tuch aus Kano kamen. Aus den südlichen Savannen trafen große Mengen Reis und Getreide, Gemüsebutter und Baumwolle ein. Die Karawanen aus dem Norden lieferten Kaliko aus Manchester, englische Rasiermesser, Monokel aus Nürnberg, Tabak und Datteln aus Touat, arabische Mäntel und Schals aus Tunis sowie Zucker und Tee aus Marokko. Die Seele des Handels war jedoch, damals wie heute, das Salz von Taoudenni. 1980 wurde in Timbuktu mit rund 7 500 t Salz im Wert von etwa 1 Million Euro gehandelt – ein entscheidender Beitrag für die Wirtschaft der Stadt. Wie in der Vergangenheit halten die Karawanen an den Toren der Stadt. Die Geschäfte werden in Privathäusern getätigt und auf dem Markt findet man vor allem einheimische Produkte.

Timbuktu verbirgt ein letztes Geheimnis: Tausende von alten Büchern und Manuskripten lagern in farblosen Truhen, in schattigen Steinhäusern und in den Zelten der Nomaden, die ihr Lager außerhalb der Stadt aufschlagen. Bei den Manuskripten handelt es sich größtenteils um historische und geographische Abhandlungen, außergewöhnliche Chroniken, die Licht in viele dunkle Bereiche der Vergangenheit der Sahara und Afrikas bringen könnten. Seit 1977 gibt es ein Forschungsinstitut, das vom Rat der Weisen der Stadt geleitet wird. Hier werden die Dokumente, die über die Weiten der Sahara von Mali verstreut sind, gesammelt und klassifiziert.

292 LINKS Das Askia-Mausoleum in Gao ist ein typisches Bauwerk der Sahara. Es besteht aus Lehmziegeln und Holz.

292 MITTE UND RECHTS UND 293 Die Freitagsmoschee von Agades dominiert ein pyramidenförmiges Minarett. Stangen, die in die irdenen Wände eingelassen sind, stabilisieren das Minarett. Die dicken Lehmziegelmauern der Gebäude von Agades bestehen aus einer Mischung aus Ton, Wasser und geschnittenem Stroh.

294–295 Auf dem Tamalakoye-Markt in Agades werden sämtliche Waren feilgeboten. Ausserdem kommt man hier unter die Leute, was für die Wüstenvölker von elementarer Bedeutung ist.

GAO UND AGADES

Nachdem der Niger Timbuktu passiert hat, fließt er in östlicher Richtung nach Gao. Als Timbuktu seine Blütezeit erlebte, war Gao kaum mehr als ein Dorf. Sein Schicksal änderte sich jedoch, als in der zweiten Hälfte des 15. Jahrhunderts die Songhai an die Macht kamen. Ihr Königreich erstreckte sich vom Atlantik bis zum Aïr und sie ernannten Gao zur neuen Handels- und politischen Hauptstadt. 70 000 Menschen lebten in der reichen, kosmopolitischen und mächtigen Stadt, die mit allen großen Transsaharastraßen verbunden war. Gao wurde zum führenden Zentrum der Routen, die zu den Märkten der Zentral- und der östlichen Sahara führten. Zu den Zeugen der illustren Vergangenheit Gaos gehören unter anderem die Ruinen einer Moschee und das Askia-Mausoleum, letzte Ruhestätte der Dynastie, die die Geschicke der Songhai bis zur Eroberung durch die Marokkaner im Jahr 1591 lenkte. Das Mausoleum wurde im 16. Jahrhundert erbaut und gleicht einem Pyramidenstumpf. Es erhebt sich mehrere Dutzend Meter in die Höhe und ist über und über mit gedrehten Ästen verziert, die aus der Erde zu wachsen scheinen. Heute ist Gao dem langsamen, unaufhaltsamen Untergang geweiht.

Agades ist ein besseres Schicksal beschieden. Es ist die einzige Stadt, die von dem markanten Verfall verschont blieb, dem all die anderen großen Städte der südlichen Sahara anheim gefallen sind. Gemäß der mündlichen Überlieferung wurde Agades im 16. Jahrhundert von Younus gegründet, dem Sohn des Sultans von Istanbul. Adlige der Tuareg hatten ihn gebeten, der Anarchie ein Ende zu bereiten, die der Region schwer zusetzte. Auch heute noch ist der Sultan traditionell ein „Außenseiter", der für gewöhnlich von der schwarzen Bevölkerung gewählt wird. Selbst wenn er eine Tuareg heiratet, wird keines seiner Kinder sein Nachfolger. Agades liegt an der Kreuzung, an der die Straßen aufeinander treffen, die die südlichen Länder mit Ägypten und den libyschen und algerischen Oasen verbinden. Dieser hervorragende Lage verdankte die Stadt eine lange Zeit der Prosperität. Sie war von Mauern umgeben und bot 50 000 Menschen eine Heimat, überwiegend Handwerker, die Metalle und Leder bearbeiteten. Eine solche Produktionsbasis, die in Timbuktu fehlte, half Agades, auch schwere Zeiten zu überstehen und seine Rolle als regionale Hauptstadt bis heute zu bewahren. Die Stadt ist in elf Bezirke unterteilt, die jeweils eine eigene Moschee besitzen. Die Häuser verfügen oftmals über zwei Stockwerke und werden von unzähligen Gassen getrennt, die so breit sind, dass Esel und Dromedare samt Ladung hindurchpassen. Der Tamalakoye-Markt ist seit alters Dreh- und Angelpunkt von Agades. Hier herrscht den ganzen Tag geschäftiges Treiben. Der Markt ist nicht nur Handelszentrum, sondern auch Einkaufszentrum, in dem Waren feilgeboten, aber auch Dienstleistungen in Anspruch genommen werden können. Läden wechseln sich ab mit Lebensmittelgeschäften, Restaurants, Barbieren, Maschinen, Fahrradverleihen, Spinnereien, Schneidern und Schuhmachern. In der Nähe des Marktes erhebt sich die gigantische, aber dennoch anmutige Freitagsmoschee, die die ganze Stadt dominiert. Sie wurde 1500 erbaut und hat noch heute ihr originales Aussehen. Das Minarett in reinem sudanesischem Stil ist 27 m hoch. Der Kontrast zum Andachtsraum ist überwältigend: Der schmucklose Raum ist so niedrig, dass man darin kaum aufrecht stehen kann. Als Ausdruck der Macht des Sultanats ist die Freitagsmoschee ein Symbol Agades' und der dominanten Rolle, die es in der Region spielt.

Nach einer schwierigen Zeit hat sich die Stadt auf ihre Wurzeln besonnen. Einst Sammelpunkt der Karawanen, ist sie heute ein Knotenpunkt, willkommener Aufenthaltsort für Menschen und Waren, die von Nordafrika kommend in die Länder südlich der Sahara reisen. Der Handel expandiert. Es gibt hunderte von registrierten Geschäften – neben tausenden heimlichen Transaktionen, die die Landbevölkerung täglich aushandelt. Handwerk und Agrikultur am Fuße des Aïr florieren mehr den je. Agades hat gelernt, Tradition und Moderne in Einklang zu bringen, indem es seine alte Bestimmung als Markt- und Karawanenstadt wieder belebt hat.

REGISTER

BILDNACHWEIS

ADELHAUSERMUSEUM NATUR- UND VÖLKERKUNDE, FREIBURG: S. 41 oben, 41 unten links, 41 unten rechts,
AISA: S. 28, 286 links.
STEFANO AMANTINI/ATLANTIDE: S. 190 unten, 191 links, 191 Mitte, 191 rechts, 191 unten, 226 links, 240, 252–253.
ARCHIVES OF DEPT OF ANCIENT EGYPT AND SUDAN, BRITISH MUSEUM, FOTOGRAF PETER HAYMAN, NO M483: S. 138.
ARCHIVIO FOGLIA, MUSEO NAZIONALE, NAPOLI: S. 23 oben.
ARCHIVIO SCALA GROUP: S. 25 links, 25 rechts.
ADRIANO BACCHELLA: S. 226 rechts, 276–277.
F. BARMETTLER: S. 198 oben rechts.
BERTRAND/CORBIS/GRAZIA NERI: S. 80–81, 81, 217, 272–273, 278–279, 280–281, 292 Mitte, 293 oben.
BIBLIOTEQUE MUNICIPALE DE NEVERS/CENTRE CULT. JEAN JAURES: S. 52 links.
BIBLIOTEQUE NAZIONALE, PARIS BRIDGEMAN ART LIBRARY: S. 26.
JONATHAN BLAIR/CORBIS /GRAZIA NERI: S. 261 links.
BRUNO BARBIER/HEMISPHÈRE: S. 109 oben, 109 unten.
BRUNO BARBIER/MAGNUM PHOTOS/CONTRASTO: S. 160, 161, 162–163, 163, 165 links und rechts, 256, 257 unten, 264–265.
MARCELLO BERTINETTI/WHITE STAR: S. 8–9, 102–103, 229 Mitte, 238–239.
ANGELO COLOMBO: Karte S. 66–67
ANNE CONWAY: S. 112–113, 148 unten, 186–187, 187 oben und unten, 188–189, 236, 237 rechts, 270, 271.
GIOVANNI DAGLI ORTI: S. 20 oben rechts, 30, 31 links, 31 rechts, 34–35, 37 oben, 39 links.
ARALDO DE LUCA/WHITE STAR: S. 22.
M & C DENIS HUOT: S. 106 rechts.
BERNARD UND CATHERINE DESJEUX: S. 292 rechts.
BERNARD UND CATHERINE DESJEUX/CORBIS/GRAZIA NERI: S. 71 oben, 166, 166–167, 176–177, 286 rechts.
A. DRAGESCO JOFFÈ/PANDA PHOTO: S. 126 oben und unten, 127 links, 128 oben und unten, 129, 130, 131, 132–133.
JEAN DU BOISBERRANGER /HEMISPHÈRE: 105 unten, 106 links, S. 120–121, 139 unten.
C/R J. M. DUROU: S. 20 unten rechts, 23 unten, 32, 33 oben, 33 unten, 40, 45 links, 45 rechts, 47 links, 48 oben links, 48 unten, 52 Mitte, 52 rechts, 53 links, 54 links, 56 links und rechts.
VICTOR ENGLEBERT: S. 259 unten.
MARY EVANS PICTURE LIBRARY: S. 35 links, 35 rechts, 44 links.
R. FAIDUTTI/PANDA PHOTO: S. 71 unten, 259 oben.
OWEN FRANKEN/CORBIS /GRAZIA NERI: S. 156, 158–159.
ADOLFO FRANZO/CORBIS /GRAZIA NERI: S. 258 links.
ALFIO GAROZZO/WHITE STAR: S. 24–25, 218 Mitte, 225 unten, 227 oben und unten, 228 links und rechts.
MIT FREUNDLICHER GENEHMIGUNG VON ATTILIO GAUDIO: S. 37 unten, 47 rechts, 50.
TIZIANA GERLIN UND GIANNI BALDIZZONE: S. 1, 154 links und rechts, 157 unten, 178, 178–179, 182, 184, 185, 213, 220–221, 224, 232 oben, 232–233, 274, 275 oben links, 282–283, 283, 293 unten
TIZIANA GERLIN UND GIANNI BALDIZZONE/CORBIS GRAZIA NERI: S. 180–181, 182–183.
TIZIANA GERLIN UND GIANNI BALDIZZONE/WHITE STAR: S. 2–3, 4–5, 8 rechts, 10–11, 11 links, 11 rechts, 16–17, 18–19, 58 oben links, 58 rechts, 58 unten links, 58 unten rechts, 59, 68, 69 links und rechts, 72–73, 73 links und rechts, 78–79, 84 oben und unten, 84–85, 86–87, 88 oben und unten, 89, 90–91, 92–93, 94, 94–95, 96–97, 98–99, 100–101, 107 links, 118 oben und unten, 119 links, 119 Mitte und rechts, 121, 122, 122–123, 134 unten links, 134 unten rechts, 137 rechts, 141 links und rechts, 141 unten, 142 links und rechts, 143 oben und unten, 144 Mitte, 144 unten, 146–147, 149 links, 149 Mitte, 149 unten, 150–151, 152, 153 oben links, 153 oben Mitte, 153 oben rechts, 157 oben, 194 links und rechts, 194 unten, 195, 197, 200 oben und unten, 201 links, 201 rechts, 202, 203 oben und unten, 204–205, 205 oben und unten, 206, 206–207, 208–209, 209, 210–211, 212, 214–215, 216 oben links, 216 oben rechts, 222–223, 225 oben links, 225 oben Mitte, 229 links, 229 rechts, 230–231, 237 links, 241 links und rechts, 246–247, 247 unten, 248, 249, 261 rechts, 268 links, 269, 300.
RENATO GIULIANI: S. 105 oben links, 121.
MIT FREUNDLICHER GENEHMIGUNG VON GIANNI GUADALUPI: S. 36 links, 36 rechts.
HARRY GRUYAERT/MAGNUM PHOTOS/CONTRASTO: S. 164.
FRANK GUIZIOU/HEMISPHÈRE: S. 170.
HANDOUT/ASSOCIATED PRESS/NASA: S. 70.
WOLFGANG KAEHLER/CORBIS /GRAZIA NERI: S. 285 oben links, 285 oben rechts, 289.
HARLINGUE-VIOLLET /CONTRASTO: S. 49, 53 Mitte 54–55.
DANIEL HEUCLIN/NHPA: S. 133.
INDEX, FIRENZE: S. 27.
DANIEL LAIN/CORBIS/GRAZIA NERI: S. 175.
HANS G. LAUKEL: S. 125.
CHARLES LENARS: S. 13 links, 216 unten links, 284 unten, 285 unten, 288.
ROBERT HOLMES: S. 262–263.
MCCURRY/MAGNUM PHOTOS /CONTRASTO: S. 258 rechts.
GRANT MCDOWELL/NATURE PICTURE LIBRARY: S. 74–75.
NASA: S. 60, 61 links, 61 Mitte und rechts, 61 unten, 62, 63, 64, 65 links und rechts.
NATIONAL GEOGRAPHIC SOCIETY: S. 46 links.
JOSÈ NICOLAS/HEMISPHÈRE: S. 193 rechts.
PAOLO NOVARESIO: S. 134 oben links, 232 unten, 241 unten, 290–291.
PHOTOS12: S. 44 Mitte.
ANGELA PRATI: S. 137 links, 139 oben, 145.
ROYAL GEOGRAPHIC SOCIETY: S. 38.
CHRISTIAN SAPPA: S. 137 Mitte.
GEORGE STEINMETZ /CONTRASTO: S. 15, 107 Mitte, 110, 110–111, 135, 144 oben, 243 unten, 250–251.
FRANCO TERUZZI: S. 136.
G. TOSCANO: S. 155, 198 unten.
PENNY TWEEDIE/CORBIS /GRAZIA NERI: S. 265.
S. VANNINI/FRANCA SPERANZA: S. 275 oben rechts, 284 oben.
GIULIO VEGGI/WHITE STAR: S. 216 unten rechts, 218 links, 234–235, 257 links und rechts, 260.
JASON VENUS/NATURE PICTURE LIBRARY: S. 12, 127.
COLLECTION ROGER VIOLLET /CONTRASTO: S. 6–7, 20 oben links, 20 unten links, 21, 39 rechts, S. 44 rechts, 46 rechts, 48 oben rechts, 51 unten links, 51 unten rechts, 53 rechts, 56–57.
KURT-MICHAEL WESTERMANN: S. 294–295.
BERT WIKLUND: S. 124.
NICK WHEELER/CORBIS/GRAZIA NERI: S. 168–169, 275 unten, 287.
KARL WULLENWEBER: S. 42 oben, 42 unten, 43 links, 43 rechts.
BRUNO ZANZOTTERA: S. 8 links, 13 rechts, 14, 76, 76–77, 82–83, 83 oben und unten, 104, 105 oben rechts, 107 rechts, 108, 114–115, 116–117, 134 oben rechts, 140, 148 oben, 171, 172–173, 173, 174, 190 oben, 192, 193 links, 196, 198 oben links, 198 oben Mitte, 199, 218 rechts, 219, 225 oben rechts, 241 Mitte, 242 links und rechts, 243 oben, 244, 244–245, 247 oben, 254–255, 266–267, 267, 268 rechts, 292 links.

DANKSAGUNG

Ich möchte einigen der vielen Personen danken, die mir beigestanden, mich unterstützt und ermutigt haben, dieses Buch zu schreiben. Die Einleitung hat Alberto Salza verfasst, Anthropologe und Begleiter auf Afrikareisen. Enrico Guasco und Evasio Anrò haben mir beim Überarbeiten der Entwürfe zur Seite gestanden. Das Centre de Documentation et de Recherches „Ahmed Baba" in Timbuktu hat mich herzlich empfangen und ist derzeit mit der unschätzbaren Arbeit beschäftigt, Dokumente und alte Manuskripte aus Mali zu retten. Ich bin euch allen dankbar.

Für Marianne

ÜBERSETZUNG
Susanne Kattenbeck

300 Ein gigantisches Dünenband zieht sich durch die unwirtliche libysche Sahara. Von Juni bis August kann man auf dem weichen Sand nicht barfuß laufen, denn unter der sengenden Sonne heizt sich der Erdboden bis annähernd 70 °C auf.